おかわるごと汁

はじめに

『つかれたからだをいたわるご自愛おみそ汁』をお手にとってくださりありがとうございます。わたしは新潟県長岡市でおみそを専門に造っています、えちごいち味噌の川上綾子と申します。

「今日のごはんどうしよう……おみそ汁に何を入れようか……」
家でつくるおみそ汁はいつも同じ具材、同じ組み合わせになりがちですよね。わかります。私も以前はそうでした。今でもバタバタしているときにはつい、いつものレシピになります。でもそれでいいんです。おみそ汁を作って食べるだけでも上出来！　よくやった！と自分を褒めたいくらいなんです。

そんな家事やお料理など苦手な私が、コロナ禍で一念発起して約6年間ほぼ毎日おみそ汁を作ってInstagramに投稿してきました。気がつけば約1700杯以上のおみそ汁を作っていました。

本書ではその中から、定番のレシピはもちろん、季節の食材を使ったり、アレンジで中華風、洋風にもできたり、ダイエット効果も期待できたり、つかれたからだをいたわる毎日にやさしく寄り添った一杯になれるようなおみそ汁を集めました。

1章【栄養満点！パワーおみそ汁80】では主食にもなるような一杯、ボリュームやスタミナアップの一杯、元気モリモリになれる一杯などが盛りだくさん。

2章【おいしく食べてキレイに！ラクやせおみそ汁80】ではダイエットメニューの一杯、美容やキレイになりたい一杯などヘルシーなおみそ汁が満載。

3章【免疫力アップ！ご自愛おみそ汁80】では体調や体質改善、からだのお悩み別、具材ごとに効果的な組み合わせられたおみそ汁が豊富。

そして本書では、管理栄養士の大越郷子先生からすべてのおみそ汁のタイトルの上にコメントでアドバイスしていただきました。具材の栄養素や具材の組み合わせでからだにどういいのかなど、また体調改善・美容・腸活・免疫力などわかりやすいアイコン付きなのでご参考にしていただきやすくなっています。

この本がおみそ汁を作るときに少しでもお役に立てるなら嬉しく思います。
おみそ汁はおいしくて、からだにもよくて、ホッとできて、なんでも受けとめてくれる。
おみそ汁はもっと自由でいいんだ！
おみそ汁の無限に広がる可能性を一緒に発見できたら嬉しく思います。

えちごいち味噌／株式会社越後一　川上綾子

この本のおみそ汁の基本の作り方

各レシピは、特に記されていない限り、お椀2〜3杯分ができあがる分量です。お椀や器の大きさ、食べる人数などによって、水の量、具材の量、おみその量、煮る時間など調整してください。

だしについて

CASE 1　だしパック

一般的な煮出し方

鍋に水とだしパックを入れて火にかける
↓
沸騰したら4〜5分煮る

本書では市販の煮出すタイプのだしパックを使用しています。水の量、煮出す時間、パックを取り出すタイミングなどは各商品に記載されている方法を参考に作ってください。

※水から沸騰させてから5分煮ると、約100ml蒸発してお湯の量が減ります。煮る時間によって水の量を調整してください。

CASE 2　その他のだし

本書のおみそ汁ではだしパックのほか、鶏ガラ顆粒だしを使用しているものもあります。お好みのものをお使いください。和風顆粒だしを使う場合は、商品に記載されている水の量と顆粒だしの分量で作り、その場合はおみその分量を調整してください。

CASE 3　本格的にかつお節・昆布・煮干しを煮出してだしを作る

かつお節と昆布の合わせだしの作り方

◎ 材料
かつお節…約10g
昆布…約5g
水…700ml

◎ 作り方
鍋に水と昆布を入れて30分ほどおいておきます。弱火～中火で10分ほどゆっくり火を入れ、沸騰前に取り出します。そのまま沸騰したら、火を止めてかつお節を入れ、3分ほどおき、ザルなどでこすと、だしが約600mlでき上がります。

煮干しでだしを作る場合

◎ 材料
煮干し…5～6尾
水…700ml

◎ 作り方
煮干しは頭とはらわたの黒い部分を取り除き、鍋に水と煮干しを入れて約30分おいておきます。中火にかけて沸騰したら少し火を弱め、途中でアクを取りながら6～7分ほど煮てザルなどでこすと、だし約600mlができ上がります。

CASE 4　後から削り節を加える

うま味やコクを加えたい場合は後から削り節を約2g加えて整える方法もあります。

CASE 5　だしを使わない

具だくさんの豚汁や、さば缶、桜えび、とろろ昆布、干し椎茸など具材にうま味がある場合は、だしは使わなくてもおいしいおみそ汁ができます。

水の量について

水の分量はお椀や器の大きさ、具材を煮込む時間、何人分を作るか、などにより調整してください。

お椀2〜3杯分を煮込む場合の水量は、左記が目安になります

CASE 1
だしパックを5分ほど煮てすぐおみそを溶いて完成

500ml

CASE 2
だしパックを5分ほど煮てさらに約2〜3分具材を煮込む

600ml

CASE 3
根菜やいも類などを7〜8分煮込む

800ml

CASE 4
具材を10〜15分煮込む

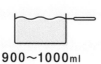

900〜1000ml

CASE 5
豆乳や牛乳を後から加える場合、煮始めるときに

300〜400ml

CASE 6
だしパックを使わない場合、鶏ガラ顆粒だしを使う場合も、煮込む時間によりCASE 1〜5のように水量を調整してください。

おみその分量について

◎本書では完成前の湯量で450〜500mlに対して約大さじ2（約36g）が目安です。

◎お使いのおみその塩分量によって、またはお使いの顆粒だしやだしに塩分などが含まれている場合などはおみその分量を調整してください。

◎また、味のついた加工食品などを具材で使用する場合なども、おみその量は少なめに調整してください。

◎具だくさんのおみそ汁は具材のうま味が出ていますので、おみその分量を少し控えてもおいしくできます。

◎塩分制限をされている方などは各人でおみその量を調整してください。

◎基本的には火を止めてからおみそを溶き入れます。

◎おみそ大さじ1は約18gです。

食材の下処理について

（野菜）

◎人参、大根、かぶなど栄養素を無駄なくとり入れるため皮付きのままで使っているものもありますが、気になるようでしたら皮をむいてください。

◎トマトも皮にリコピンなど栄養素が多いので皮付きで使っていますが、皮が気になるようでしたら、湯むきをして皮を取ってください。

◎ごぼうやレンコンなどの根菜類はカットしてすぐ水から煮るため、あく抜きはせずにそのまま調理しています。できるだけ栄養素を流出させないためです。

◎きのこ類は洗わずに使います。汚れがあればキッチンペーパーでふき取ります。なめこだけはサッと下ゆでして表面の不純物を取ります。

（魚介類）

◎生鮭は塩を少々振って10〜15分ほどおき、キッチンペーパーで表面を押さえて水分を取ります。

◎塩引鮭や塩鮭はそのまま使っていますが、塩抜きをしたい場合は水200mLに小さじ1弱を溶かしてひと口大にカットした塩鮭を15分ほど浸すと、うま味はそのままでちょうどいい塩味に塩分が抜けます。そのまま煮る場合は先に少しだけおみそを溶き入れて煮るとお鮭の身のうま味を逃がさずに煮ることができます。おみその量は調整してください。

具材を煮る順番

◎根菜類、いも類、など火の通りにくい具材は、水からだしパックと一緒に煮ます。時間がない場合は電子レンジ（600W）で2〜3分加熱してから煮ると、早く火が通ります。

◎きのこ類は水からゆっくり煮ることで旨みが出やすくなります。

◎豚肉と鶏肉は水から煮て沸騰したらアクを取り、少し火を弱めて煮ます。

◎魚類は沸騰してから入れます。

◎あさり、しじみは水から火を通します。

◎白菜の白い芯の部分はそぎ切りにして水から煮て、葉の部分は後から2〜3分で火が通ります。

◎葉物野菜は2〜4分くらいで火が通ります。小松菜やチンゲン菜などは茎の部分を2分ほど先に入れ、葉の部分は後からサッと火を通す程度で、煮上がりが同じくらいで色もきれいに仕上がります。

◎お豆腐は最後に入れて、1分ほど煮ます。

◎長ねぎなどは、薬味として小口切りにする場合はおみそを溶き入れてから、また盛り付けてからのせます。斜め切りにして柔らかく仕上げたい場合は2〜3分ほど、厚めにカットして煮る場合は水から煮込みます。仕上がりの役割で煮る時間が変わります。

もくじ

1章 栄養満点！パワーおみそ汁

- ブロッコリーと椎茸とサラダチキンのおみそ汁 … 16
- みそラーメン風おみそ汁 … 16
- 肉じゃが豚汁 … 17
- セロリと人参と焼き椎茸のおみそ汁 … 17
- オートミールおにぎり しらすと青のり／キムチ入り … 19
- 鶏ささみとニラと人参のおみそ汁 … 19
- 小松菜とえのき茸とお豆腐のおみそ汁 … 20
- 柚子白玉入り具だくさんおみそ汁 … 20
- もやしとほうれん草のコーンバター豚汁 … 21
- ほうれん草と油揚げと長ねぎのおみそ汁 … 21
- カリフラワーのポトフ風おみそ汁 … 22
- 春菊とエリンギのおみそ汁 … 22
- 大根 人参 いんげんの豚汁 … 23
- あさりと絹ごし豆腐のピリ辛スンドゥブ風おみそ汁 … 23
- 鮭とかぶの粒マスタード ガリバタ醤油ソテー … 25
- 小松菜とえのき茸と玉ねぎのおみそ汁 … 25
- 鮭の石狩鍋風おみそ汁 … 26
- 大根と人参と油揚げのおみそ汁 … 26
- 酒粕入り豚汁 … 27
- モッツァレラとあおさとすだち柚子こしょうのおみそ汁 … 27
- 木綿豆腐と油揚げと三つ葉のおみそ汁 … 28
- 豆乳のちゃんぽん風おみそ汁 … 28
- ちまき入り中華豚汁 … 29
- 鶏肉と茄子とセロリのカレー風味おみそ汁 … 29
- 長芋と長ねぎと油揚げのおみそ汁 … 30
- わかめと長ねぎと溶き卵のおにぎりクッパ風おみそ汁 … 30
- 赤パプリカの麻婆茄子風おみそ汁 … 31
- オニオングラタン風みそスープ … 31
- あさりと玉ねぎと小ねぎのおみそ汁 … 32
- お豆腐と長ねぎとほうれん草のおみそ汁 … 32
- スナップエンドウと白菜と油揚げのおみそ汁 … 33
- クレソンと厚揚げと椎茸のおみそ汁 … 33
- 豆苗と玉ねぎとさば缶のおみそ汁 … 34
- もずくのサンラータン風おみそ汁 … 34
- いわしの水煮缶の簡単つみれおみそ汁 … 35
- かぶとなめこと油揚げのおみそ汁 … 35
- ツナ缶とオクラのそうめん冷や汁 … 36
- 菜の花と新たまねぎのしらすのせおみそ汁 … 36
- もやしとニラと塩真だらの豆板醤おみそ汁 … 37

- お豆腐と卵のみそ雑炊 37
- みそガパオライス 39
- ホタテと三つ葉とレモン 春雨のフォー風おみそ汁 39
- みそ煮込みうどん風おみそ汁 40
- ゴーヤと厚揚げと削り節のおみそ汁 40
- タッコムタン風長ねぎナムルのせおみそ汁 41
- お豆腐とわかめと油揚げのおみそ汁 41
- 新じゃがとしめじと小松菜のおみそ汁 42
- かぼちゃと玉ねぎの豆乳みそポタージュ 42
- タンパク質たっぷり 納豆のせおみそ汁 43
- アスパラと玉ねぎと温玉のおみそ汁 43
- じゃがいもと小松菜と長ねぎのおみそ汁 44
- 切り干し大根 椎茸 じゃがいも ちくわのおみそ汁 44
- 高野豆腐と干し椎茸とめかぶのおみそ汁 45
- 春キャベツと新玉ねぎと油揚げのおみそ汁 45
- 木綿豆腐のキムチチゲ風豚汁 46
- モロヘイヤとえのき茸とお豆腐のおみそ汁 46
- 白舞茸と油揚げと小松菜のおみそ汁 47
- 野菜炒め豚汁 47
- もつ煮風おみそ汁 48
- ほうれん草と長芋と油揚げのおみそ汁 48
- じゃがいもと油揚げとわかめのおみそ汁 49
- しじみとキャベツのバター炒めおみそ汁 49

- お雑煮豚汁 50
- オクラとわかめと油揚げのおみそ汁 51
- 白菜とほうれん草としめじの豚汁 51
- 冷凍かぼちゃと鶏そぼろのおみそ汁 52
- 牛肉と豆もやしのユッケジャン風おみそ汁 52
- 茄子としめじとみょうがのおみそ汁 53
- あさりとマッシュルームのにんにくオイルおみそ汁 53
- 牡蠣とほうれん草のミルクおみそ汁 55
- 生姜みそおにぎり 55
- キャベツと玉ねぎの具だくさん豚汁 56
- 大根 長ねぎ しめじ じゃこ天のおみそ汁 56
- 春キャベツと温玉納豆のせおみそ汁 57
- 甘酒とトマトジュースのミネストローネ風おみそ汁 57
- 塩鮭と根菜のおみそ汁 58
- 具だくさん八宝菜風おみそ汁 58
- 里芋入り豚汁 59
- うどと人参のきんぴら風りんご酢のおみそ汁 59
- さつま揚げと玉ねぎと切り昆布のおみそ汁 60
- ズッキーニと茄子と油揚げのおみそ汁 60
- ニラとえのき茸と溶き卵のおみそ汁 61
- 豆乳坦々春雨のおみそ汁 61
- 結び昆布と大根と人参とがんもどきのおみそ汁 62

コラム1 スピードラクまぜおみそ汁

2章 おいしく食べてキレイに！ラクやせおみそ汁

こんにゃくとごぼうときのこの豚汁 64
鶏肉とセロリとごぼうと生姜のおみそ汁 64
大根と人参とごぼうと厚揚げのおみそ汁 64
長芋のとろろ納豆のせモロヘイヤのおみそ汁 65
もずくと大根おろしのみぞれおみそ汁 65
わかめとお豆腐と揚げ玉のおみそ汁 66
芽れんこんと雪下人参のおみそ汁 66
長芋のすり流しとおろし人参とかいわれ大根のおみそ汁 67
塩さばと長芋と茄子と長ねぎのピリ辛甘みそ焼き 67
ほうれん草とエリンギのおみそ汁 69
ブロッコリーと玉ねぎの豆乳ポタージュ 69
じゃがいもと玉ねぎと三つ葉のおみそ汁 70
なめことお豆腐と大根おろしアマニ油のおみそ汁 70
酒粕と三種のきのこのシュクメルリ風おみそ汁 71
鮭缶と根菜と酒粕のおみそ汁 71
ごぼうといんげんとささみのおみそ汁 72
しらたきともやしの罪なきみそラーメン風おみそ汁 72
冬瓜とほうれん草となめこのおみそ汁 73
ごぼうと人参と油揚げのおみそ汁 74

鶏ひき肉と水煮大豆 根菜のチリコンカン風おみそ汁 74
大根としめじとわかめのおかか豚汁 75
フルーツトマトと舞茸のおかか豚汁 75
キャベツと人参と玉ねぎのおみそ汁 76
とうもろこしと玉ねぎとブロッコリーの豆乳おみそ汁 76
ほうれん草と新玉ねぎのおみそ汁 77
レタスとくるみのおみそ汁 77
お豆腐みそグラタン 79
白菜と小松菜とわかめのおみそ汁 79
大根のつまとわかめのおみそ汁 80
ツナ缶とレタスとブロッコリースプラウトのおみそ汁 80
カリフラワーと甘酒のみそポタージュ 81
アマニ油とクコの実のせはまぐりと長ねぎのおみそ汁 81
南蛮えびのおみそ汁 82
ホタテとちぢみほうれん草の豆乳おみそ汁 82
とろろ昆布としらすともずくのおみそ汁 83
お野菜たっぷりもち麦のみそ雑炊 83
もずくとみょうがのおみそ汁 84
あおさとおかかのオートミールみそ雑炊 84
お豆腐と油揚げと長ねぎのおみそ汁 85
鮭中骨水煮缶と白菜と大根おろしのおみそ汁 85
リンゴ酢納豆とレタスのおみそ汁 86

- お豆腐 長ねぎ 油揚げ 椎茸のおみそ汁 … 86
- ブロッコリーの花蕾と茎と葉 粉末ピーナッツのおみそ汁 … 87
- オーツミルクととうもろこしの冷製おみそ汁 … 87
- わかめとしめじと焼き麩のおみそ汁 … 88
- 干し椎茸と切り干し大根と油揚げのおみそ汁 … 88
- ブロッコリーとささみ MCTオイルおみそ汁 … 89
- ザワークラウトとわかめのおみそ汁 … 89
- 鶏肉とかぶのおみそ汁 … 90
- レタスとお豆腐と桜えびのおみそ汁 … 90
- ごぼうと玉ねぎと舞茸のトマトジュース豚汁 … 91
- もずくと玉ねぎと小松菜のおみそ汁 … 91
- なめことオクラと長芋のおみそ汁 … 92
- ブロッコリーとトマトとたまごのみそマヨ炒め … 92
- 大根と大根の葉とふのりのおみそ汁 … 93
- とろろ昆布と水菜のおみそ汁 … 93
- キャベツとしめじと玉ねぎのおみそ汁 … 94
- さつまいも入り 拍子木切り野菜の豚汁 … 94
- さつまいもと三種きのこと油揚げのおみそ汁 … 95
- 生芋こんにゃくと昆布と椎茸のもも肉豚汁 … 95
- カリフラワーと鶏むね肉とアーモンドのおみそ汁 … 96
- 木綿豆腐とわかめと小松菜のおみそ汁 … 96
- レンチンふかし茄子とみょうがとからしのおみそ汁 … 97
- ほうれん草と玉ねぎとキャベツのおみそ汁 … 98

- 大根と里芋と油揚げのおみそ汁 … 99
- 小松菜と椎茸とすりごまのおみそ汁 … 99
- さばの水煮缶と玉ねぎ 梅干しのせおみそ汁 … 100
- パワーリーフと木綿豆腐 MCTオイルおみそ汁 … 100
- あんこう鍋風おみそ汁 … 101
- 木綿豆腐とめかぶと梅干しのラクまぜ時短おみそ汁 … 101
- あおさとえのき茸とペラペラ豆腐のおみそ汁 … 102
- 大豆ミートとニラの麻婆豆腐風おみそ汁 … 102
- キャベツの芯と白しめじと切り昆布のおみそ汁 … 103
- サラダチキンとわかめのおみそ汁 … 103
- 炊飯器塩麹カオマンガイ … 105
- アスパラとレタスのおみそ汁 … 105
- 大豆もやしとセロリと韓国海苔のおみそ汁 … 106
- えびとえのき茸と水菜のごま豆乳鍋風おみそ汁 … 106
- レタスとわかめと糸寒天のおみそ汁 … 107
- 長芋とスナップエンドウとわかめのおみそ汁 … 107
- おかひじきと切り干し大根としらすのおみそ汁 … 108
- ミニトマト 玉ねぎ わかめ 油揚げのおみそ汁 … 108
- 芽キャベツと桜えびと白ごま油のおみそ汁 … 109
- 里芋と人参としめじと酒粕のおみそ汁 … 109
- コラム2　管理栄養士が教える「おみそ汁」のすごさ … 110

3章 免疫力アップ！ご自愛おみそ汁

- 鶏つくねとキャベツとアスパラのおみそ汁 … 112
- ゴーヤと玉ねぎと油揚げのおみそ汁 … 112
- 長芋と小松菜と長ねぎのおみそ汁 … 113
- ミルク豚汁 … 113
- いろいろお芋の具だくさんみそ汁 … 114
- 大和芋と桜えびと三つ葉のおみそ汁 … 114
- ほうれん草と油揚げとえのき茸のおみそ汁 … 115
- すき焼き具材のおみそ汁 … 115
- ビビンバみそコチュジャン … 117
- 卵白と白菜と生姜のおみそ汁 … 117
- なめこと里芋と長ねぎのおみそ汁 … 118
- 生きくらげと油揚げと長ねぎのおみそ汁 … 118
- マッシュルームと玉ねぎのおみそ汁 … 119
- たけのこ 椎茸 人参 ごぼうの酒粕豚汁 … 119
- もやしと舞茸のキムチチゲ豚汁 … 120
- 大根菜と油揚げと椎茸のおみそ汁 … 120
- こんにゃくと厚揚げのけんちん汁風おみそ汁 … 121
- スープ春雨風おみそ汁 … 121
- アスパラとエリンギと厚揚げのおみそ汁 … 122

- 春キャベツと玉ねぎとえのき茸のおみそ汁 … 122
- とうもろこしとキャベツのおみそ汁 … 123
- なめこと焼き茄子とみょうがのおみそ汁 … 123
- えびとブロッコリーとしらすの塩麹焼うどん … 125
- じゃがいもと玉ねぎと油揚げのミルクみそポタージュ … 125
- 水菜と玉ねぎと油揚げのおみそ汁 … 126
- 大豆もやしとニラと新生姜のおみそ汁 … 126
- ほうれん草ともずくとおろし生姜のおみそ汁 … 127
- クレソンと新玉ねぎ豚汁 … 127
- わさび菜とえのき茸と白ごま油のおみそ汁 … 128
- まごわやさしいおみそ汁 … 128
- 塩引鮭と根菜の酒粕おみそ汁 … 129
- しじみと三つ葉のおみそ汁 … 129
- 赤パプリカと玉ねぎとちりめんのおみそ汁 … 130
- 桜えびとえのき茸と大根菜のおみそ汁 … 130
- 健診前夜のみそ雑炊 … 131
- 白舞茸とわかめと絹さやのおみそ汁 … 131
- 茎と芯と厚揚げとわかめのおみそ汁 … 132
- 三つ葉と玉ねぎのかき玉おみそ汁 … 132
- 白菜と人参とえのき茸と玉ねぎのミルクおみそ汁 … 133
- 切り干し大根と春菊と椎茸と油揚げのおみそ汁 … 133
- 高野豆腐としめじとわかめのおみそ汁 … 134
- かぶと油揚げと酒粕のおみそ汁 … 134

かぼちゃとしめじと長ねぎのおみそ汁
ザワークラウトと茄子のおみそ汁
切り干し大根入り肉じゃが
絹ごし豆腐と長ねぎのおみそ汁
春菊と長ねぎと油揚げのおみそ汁
モロヘイヤと大和芋のおみそ汁
豆苗とじゃこ天と長ねぎのおみそ汁
すりおろしりんごと生姜と舞茸のぽかぽか豚汁
小松菜と大和芋と油揚げのおみそ汁
じゃがいもと玉ねぎのおみそ汁
キャベツとしめじとわかめの黒酢おみそ汁
鶏ささみとキャベツと玉ねぎと椎茸
アーモンドミルクのカレーおみそ汁
春キャベツ入り豚汁
白菜とえのき茸とわかめのおみそ汁
大根菜と打ち豆と油揚げのおみそ汁
もずくとトマトとブロッコリーのおみそ汁
ほうれん草とちくわとアスパラのおみそ汁
アボカドと舞茸と玉ねぎのおみそ汁
春キャベツと新玉ねぎと雪下人参のおみそ汁
おかひじきと大根とみょうがのおみそ汁
赤パプリカとズッキーニ
雑穀米とカッテージチーズのみそリゾット

キャベツと玉ねぎとわかめのおみそ汁
レタスと焼き海苔のおみそ汁
桜えびと玉ねぎと水菜のおみそ汁
干し椎茸と小松菜とちりめんのおみそ汁
切り干し大根と油揚げと生わかめのおみそ汁
じゃがいもとわかめと木綿豆腐のおみそ汁
レタスともずくと溶き卵のおみそ汁
とろろ昆布と高野豆腐のおみそ汁
真だらと白菜と長ねぎの大根キムチのせおみそ汁
大根とじゃがいもとわかめのおみそ汁
甘酒とヨーグルトバナナの冷製おみそ汁
青椒肉絲
わかめとえのき茸とお豆腐のおみそ汁
食べる小魚と玉ねぎとスプラウトのおみそ汁
春菊と玉ねぎと油揚げのおみそ汁
人参と小松菜のえごま油かけおみそ汁
オートミールとひよこ豆のカレーみそリゾット
えのき茸と油揚げと長ねぎのおみそ汁
めかぶ納豆のせ白菜のおみそ汁
焼き麩と長ねぎのおみそ汁
かいわれ大根と油揚げと木綿豆腐のおみそ汁

本書の読み方

① **おかずや副菜のレシピ**

おみそ汁と一緒に食べたらおいしいおかずや副菜のレシピです。ぜひ一緒につくってみてください。

② **大越先生から**

管理栄養士・大越郷子先生からのコメントです。レシピに含まれている食材の栄養素や食べ合わせによる栄養効果などを解説しています。

③ **うれしい効果**

各レシピに期待できる、からだへのうれしい効果です。美肌、腸活、冷え性改善、筋力UPなど、得たい効果によってレシピを選んでみるのもおすすめです。

④ **えちごいち味噌さんから**

著者・えちごいち味噌さんからのコメントです。作り方のポイントも。

(管理栄養士・大越郷子先生より)

毎日、何となく作って食べていたおみそ汁も、見方を変えるだけで健康によいもの、ダイエットによいものなどを選ぶことができます。今、いちばん気になっていることに応じて、240種のおみそ汁から選んでみましょう。

1章

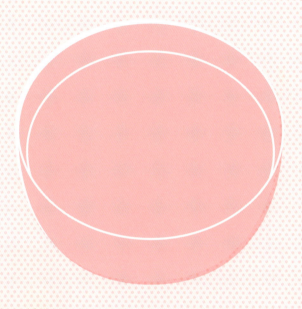

栄養満点！パワーおみそ汁

1章では、栄養満点の食材を使ったおみそ汁80椀を紹介します。つかれたとき、元気を出したいときに食べたくなるような食欲をそそるレシピや、主食の代わりにもなるレシピが満載です。

手軽に良質なタンパク質がとれる

ブロッコリーと椎茸と サラダチキンのおみそ汁

`筋力UP` `免疫力UP`

◎ 作り方

1. 鍋に水とさいの目切りの椎茸を入れて、3〜4分煮ます。
2. 小房にカットしたブロッコリー、さいの目切りにした茎とサラダチキンを入れて2〜3分煮ます。
3. 削り節を入れ、みそを溶き入れて完成です。

アスリート飯をおみそ汁で。コロコロカットをよく噛んで食べる一杯。おだしをとらずに削り節だけで十分美味しくできます

◎ 材料

ブロッコリー（下ゆで済み）…80g
椎茸…2個
サラダチキン…1袋
削り節…5g
みそ…大さじ2
水…600ml

豚肉のビタミン＋生姜で代謝UP

みそラーメン風おみそ汁

`疲労回復` `冷え症改善`

◎ 作り方

1. 炒め油でひき肉とスライスした生姜を炒め、せん切りのキャベツともやしを加えてサッと炒めます。
2. 水を入れて沸騰したらアクを取り、鶏ガラ顆粒だしとコーンを入れ3〜4分煮ます。
3. みそを溶き入れます。
4. 盛り付けたら生姜をのせ、お好みで黒こしょうをかけて完成です。

キャベツともやしたっぷりの麺なしみそラーメン風な一杯

◎ 材料

豚ひき肉…80g
キャベツ…2枚
もやし…1/2袋
生姜…1かけ
（スライスと後のせ針生姜）
コーン缶…60g
鶏ガラ顆粒だし…大さじ1
お好みの炒め油…大さじ2
粗びき黒こしょう…適宜
みそ…大さじ2
水…600ml

1章 栄養満点！パワーおみそ汁

炭水化物・タンパク質・ビタミン類がすべてとれる

肉じゃが豚汁

疲労回復　スタミナ

◎ 作り方

1. 鍋に大きめにカットしたじゃがいも、半月切りの人参、大きめくし切りの玉ねぎ、豚肉と水を入れて煮ます。
2. 沸騰したらアクを取り、糸こんにゃくを入れて具材がやわらかくなるまで煮ます。
3. みそを溶き入れます。
4. 盛り付け、お好みでいんげんなどの青みをのせて完成です。

肉じゃがの具材で作る、ゴロゴロ野菜の和風ポトフ豚汁のようなやさしい味わい

◎ 材料

じゃがいも…2個
玉ねぎ…1/2個
人参…4cm
豚肉こま切れ…150g
糸こんにゃく…1/2袋
お好みでさやいんげんなどの青み
みそ…大さじ2
水…800ml

野菜のうま味や香りで減塩効果も

セロリと人参と焼き椎茸のおみそ汁

血液サラサラ　美肌

◎ 作り方

1. オリーブオイルでスライスした椎茸を焼き色がつくまで焼いて、半月切りの人参も炒めます。
2. 斜め切りのセロリとスライスした生姜を加えてサッと炒めたら、水を入れて2〜3分煮ます。
3. セロリの葉と削り節を入れて、みそを溶き入れて完成です。

肉厚な椎茸をオリーブオイルで焼いて凝縮されたうま味と、みずみずしいセロリの葉と生姜がベストマッチ

◎ 材料

セロリ…1/2本と葉少々
人参…5cm
椎茸…2個
生姜…1かけ
削り節…2g
オリーブオイル…大さじ1
みそ…大さじ2
水…500ml

オートミールおにぎり
鶏ささみと
ニラと人参のおみそ汁

キムチやごま油の風味のオートミール
おにぎりに、ささみのタンパク質とお
野菜をプラスしたおみそ汁で栄養バラ
ンスのいい組み合わせ

1章 栄養満点！パワーおみそ汁

低カロリーでミネラルたっぷりの主食

オートミールおにぎり
しらすと青のり／キムチ入り

`ダイエット` `腸活`

◎ 作り方

1. オートミールと水を耐熱容器に入れて混ぜ、ラップをして電子レンジ（600W）で1分30秒加熱します（1個あたり）。
2. それぞれの具材を混ぜてラップでにぎって形にして完成です。

> ヘルシーで時短調理なオートミールおにぎり。ごま油やキムチなど風味にパンチのある食材を混ぜ込むのがおススメ

◎ 材料（1個あたり）

オートミール…40g
水…50〜65ml

しらす入り
　しらす…8g
　青のり…適宜
　いりごま…大さじ1
　ごま油…小さじ1
　醤油…小さじ1

キムチ入り
　白菜キムチ…20g
　醤油…小さじ1
　ごま油…小さじ1
　韓国のり…1枚

ビタミンたっぷり。目の健康維持にも

鶏ささみとニラと人参の
おみそ汁　`スタミナ` `筋力UP`

◎ 作り方

1. ささみを耐熱容器に入れて酒をまぶし、ラップをかけて電子レンジ（600W）約1分半加熱し、触れられるくらいに冷めたら、手で割きながら筋を取ります。
2. 鍋に水とだしパック、せん切りの人参を入れて4〜5分煮たら、1のささみを酒ごと入れます。
3. カットしたニラを入れ、みそを溶き入れて完成です。

> 緑黄色野菜のニラ・人参とささみの相性がぴったり。酒蒸しの酒ごと入れるとうま味がアップします

◎ 材料

鶏ささみ…2本
酒…大さじ1
ニラ…3本
人参…4cm
だしパック…1袋
みそ…大さじ2
水…500ml

> 下処理不要でカルシウム豊富な小松菜を味わう

小松菜とえのき茸とお豆腐のおみそ汁 `疲労回復` `免疫力UP`

◎ 作り方

1. 鍋に水とだしパック、食べやすくカットしたえのき茸を入れて5分ほど煮ます。
2. 3cmくらいにカットした小松菜を入れて、1〜2分煮ます。
3. カットした豆腐を入れて、みそを溶け入れて完成です。

がんばらないでいい。おだやかでやさしい日常の組み合わせ

◎ 材料

小松菜…2株
えのき茸…1/2株
絹ごし豆腐…200g
だしパック…1袋
みそ…大さじ2
水…600ml

> 糖質たっぷりで、主食代わりにもなる

柚子白玉入り具だくさんおみそ汁 `スタミナ` `腸活`

◎ 作り方

1. 斜め切りのごぼうをごま油で先に炒め、香りが立ったら、いちょう切りの大根、半月切りの人参、スライスした椎茸、ちぎったこんにゃく、半月切りの里芋を加えて炒めます。
2. 水を入れて沸騰したら、ちぎった厚揚げを入れて煮ます。
3. 煮ている間に柚子白玉を作ります。白玉粉にみじん切りにした柚子の皮を入れ、水を調整しながら加え、こねながら耳たぶくらいの大きさになるようにまとめます。別の鍋でお湯が沸騰したら、小さく丸めた柚子白玉を入れます。1〜2分ほどで浮かんだら冷水に入れ、水を切っておきます。
4. 3の具材が煮えたら長ねぎと柚子白玉を入れ、沸いたらみそを溶け入れて完成です。

これぞジャパニーズヴィーガンメニュー。動物性のおだしも使わずに具材のうま味が味わえる一杯です

◎ 材料

柚子白玉
 白玉粉…50g
 柚子の皮…適宜
 水…大さじ2〜3

おみそ汁の具材
 大根…5cm
 人参…4cm
 ごぼう…10cm
 椎茸…1個
 こんにゃく…1/2枚
 厚揚げ…50g
 里芋…1個
 長ねぎ…1/2本
 ごま油…大さじ1
 みそ…大さじ2
 水…800ml

1章 栄養満点！パワーおみそ汁

低カロリーのもやしはビタミンCも豊富

もやしとほうれん草の
コーンバター豚汁 　スタミナ　疲労回復

◎ 作り方

1. 鍋に水と豚肉を入れて火にかけ、沸騰したらアクを取りもやしを入れます。
2. 再び沸騰し、1分たったらみそを溶き入れます。
3. フライパンにバター、カットしたほうれん草、コーンを入れてサッと炒めます。
4. 2を盛り付けて3をのせ、お好みで追いバターや黒こしょうなどをのせて完成です。

コーンとほうれん草をバターで炒めてもやしの豚汁にのせた、ボリュームとコクいっぱいのごちそうおみそ汁

◎ 材料

豚肉こま切れ…100g
もやし…1/2袋
ほうれん草（下ゆで済み）…3株
コーン缶…1/2缶（60g）
バター…約10g
（＋お好みで後のせ分）
黒こしょう…お好みの量
みそ…大さじ2
水…600ml

鉄分豊富なほうれん草で、貧血予防効果も

ほうれん草と油揚げと
長ねぎのおみそ汁 　冷え性改善

◎ 作り方

1. 鍋に水とだしパックを入れて沸騰したら、4～5分煮て、カットした油揚げを入れて、2分ほど煮ます。
2. 3cmにカットしたほうれん草を入れてみそを溶き入れます。
3. 盛り付け、小口切りの長ねぎをのせて完成です。

淡色系のおみそにほうれん草がぴったり。小口切りの長ねぎが薬味として活きています

◎ 材料

ほうれん草（下ゆで済み）
…2株分
油揚げ…1枚
長ねぎ…適宜
だしパック…1袋
みそ…大さじ2
水…600ml

> ビタミンCたっぷりで、風邪予防にも

カリフラワーのポトフ風おみそ汁 免疫力UP 美肌

◎ 作り方

1. 小房にカットしたカリフラワー、くし切りの玉ねぎ、半月切りの人参を水から5〜6分煮ます。
2. 人参がやわらかくなったら、鶏ガラ顆粒だしと斜め半分にカットしたソーセージを入れて、3分煮ます。
3. カットしたほうれん草を入れ、みそを溶き入れて完成です。

ゴロゴロお野菜がやわらかく煮込まれた、具だくさんポトフのような美味しい一杯

◎ 材料

カリフラワー…1/4個
玉ねぎ…1/2個
人参…3cm
ほうれん草（下ゆで済み）…2株
ソーセージ…3本
鶏ガラ顆粒だし…大さじ1
みそ…大さじ2
水…600ml

> カロテンとビタミンCで、肌荒れ予防に効果大

春菊とエリンギと長ねぎのおみそ汁 美肌 免疫力UP

◎ 作り方

1. 鍋に水とだしパックとカットしたエリンギを入れて5分煮ます。
2. カットした春菊と斜め切りの長ねぎを入れて沸騰したら1分煮ます。
3. みそを溶き入れて完成です。

水から煮たエリンギのうま味と春菊のさわやかな風味で、さっぱりといただけます

◎ 材料

春菊…3株
エリンギ…2本
長ねぎ…1/3本
だしパック…1袋
みそ…大さじ2
水…600ml

1章 栄養満点！パワーおみそ汁

大根 人参 いんげんの豚汁

豚肉は栄養たっぷり。代謝UPも

免疫力UP　疲労回復

◎ 作り方
1. 鍋に水と豚肉を広げて入れ、火にかけて沸騰したらアクを取ります。
2. 大根と人参、斜め切りにしたいんげんを入れます。
3. 再び沸騰したら1〜2分煮て、削り節を入れます。
4. みそを溶き入れて完成です。

スライサーでせん切りにした大根と人参で、煮込まないパパッと簡単豚汁

◎ 材料
大根…100g
人参…30g
（どちらもスライサーでせん切りにしておく）
さやいんげん（下ゆで済み）…6本
豚肉こま切れ…120g
削り節…2g
みそ…大さじ2
水…600ml

あさりと絹ごし豆腐のピリ辛スンドゥブ風おみそ汁

良質のタンパク質源がふんだんに

美肌

◎ 作り方
1. 鍋に水とスライスした椎茸と食べやすく切った豚肉とあさりを入れて火にかけます。
2. 沸騰したらアクを取り、豆板醤と長ねぎ、鶏ガラ顆粒だしを入れて2分ほど煮ます。
3. あさりの口が開いたら豆腐を入れ、みそを溶き入れて完成です。

あさりと豚肉の濃厚なうま味でピリ辛韓国スープ風のおみそ汁に

◎ 材料
あさり（砂抜き済み）…150g
豚肉薄切り…80g
椎茸…1個
絹ごし豆腐…200g
長ねぎ…1/2本
豆板醤…小さじ2
鶏ガラ顆粒だし…小さじ1
みそ…大さじ2
水…600ml

鮭とかぶの粒マスタードガリバタ醤油ソテー

小松菜とえのき茸と玉ねぎのおみそ汁

濃厚な味わいのおかずにはやさしい味わいのおみそ汁で。きのこ類、葉物野菜など不足している食材もおみそ汁でプラス

1章 栄養満点！パワーおみそ汁

タンパク質と油脂でパワーアップ
鮭とかぶの粒マスタードガリバタ醤油ソテー 筋力UP

◎ 作り方

1. 鮭に塩を少々（分量外）ふり、5〜10分おいて、キッチンペーパーで表面をふいて、3等分にカットし、小麦粉をまぶします。
2. フライパンにオリーブオイル、スライスしたにんにくを入れ、1と皮付きのままくし切りにしたかぶの断面を焼き色がつくように炒めます。
3. 酒を入れてふたをし、1分蒸し焼きにして、バターとカットしたかぶの葉を入れます。
4. 醤油、粒マスタード、酢を混ぜたものを全体にからめながらサッと炒め、完成です。

◎ 材料（2人分）

生鮭…2切れ
かぶ…大1個（葉もあれば適宜）
小麦粉…大さじ1
オリーブオイル…大さじ1
バター…10g
酒…大さじ2
にんにく…1かけ
粒マスタード…大さじ1
醤油…大さじ1/2
酢…大さじ1/2

かぶは皮付きのままで鮭と表面をこんがりソテー。粒マスタードとにんにくバター醤油で味付け。ごはんが進む一品

ビタミン、ミネラル、食物繊維がいっぱい
小松菜とえのき茸と玉ねぎのおみそ汁 血液サラサラ 美肌

◎ 作り方

1. 鍋に水、だしパック、カットしたえのき茸とスライスした玉ねぎを入れて5分煮ます。
2. カットした小松菜を入れて1〜2分煮ます。
3. みそを溶き入れて完成です。

◎ 材料

小松菜…2株
えのき茸…1/2株
玉ねぎ…1/2個
だしパック…1袋
みそ…大さじ2
水…600ml

彩りのよい小松菜、甘い玉ねぎ、うま味のあるえのき茸のやさしい組み合わせ

> 鮭と野菜の組み合わせでビタミン類の恩恵を

鮭の石狩鍋風おみそ汁　美肌　免疫力UP

◎ 作り方

1. ひと口大にカットした鮭に塩を少々（分量外）かけて10分ほどおき、キッチンペーパーで表面をふいて3等分にカットします。
2. 鍋に水とだしパック、スライスした椎茸・玉ねぎを入れて4〜5分煮ます。
3. 沸騰したら1を入れて2分煮て、カットしたキャベツと長ねぎも入れて2分ほど煮たら、みそを溶き入れます。
4. 盛り付けたら、お好みでバターや粉山椒をかけて完成です。

鮭とバターと粉山椒で北海道の石狩鍋風の一杯

◎ 材料

生鮭…2切れ
キャベツ…2枚
長ねぎ…1/2本
椎茸…1個
玉ねぎ…1/2個
お好みでバターや粉山椒など
だしパック…1袋
みそ…大さじ2
水…700ml

> 大根の酵素がごはんの消化を促す

大根と人参と油揚げのおみそ汁　腸活　美肌

◎ 作り方

1. 鍋に水、だしパック、せん切りの大根と人参を入れ4〜5分煮ます。
2. カットした油揚げを入れて2分煮ます。
3. みそを溶き入れて完成です。

せん切りの大根と人参で早く火が通り、食べやすい一杯

◎ 材料

大根…4cm
人参…4cm
油揚げ…1枚
だしパック…1袋
みそ…大さじ2
水…600ml

1章 栄養満点！パワーおみそ汁

ビタミンB群補給にぴったり

酒粕入り豚汁

疲労回復 美肌

◎ 作り方

1. 鍋に水とカットした豚肉、いちょう切りの大根と人参、半月切りの里芋と斜め切りのごぼうを入れて煮ます。
2. 沸騰したらアクを取り、カットしたこんにゃくと酒粕とみその全量の1/2（大さじ1）を溶き入れて、具材がやわらかくなるまで煮ます。
3. 具材が煮えたら斜め切りの長ねぎを入れて、仕上げに残りの1/2のみそを溶き入れて完成です。

いつもの豚汁に酒粕を入れてぽかぽかな一杯。おみそを半分先に入れて煮込むことで味がよくしみます

◎ 材料

豚肉薄切り…120g
大根…4cm
人参…3cm
里芋…1個
ごぼう…1/2本
こんにゃく…1/2枚
長ねぎ…1/2本
酒粕…30g
みそ…大さじ2
水…900ml

チーズでタンパク質とカルシウムをプラス

モッツァレラとあおさとすだち柚子こしょうのおみそ汁

筋力UP

◎ 作り方

1. 鍋に水とだしパックを入れ、沸騰したら4〜5分煮てみそを溶き入れます。
2. 戻して水切りしたあおさをお椀に入れて、1のおみそ汁を注ぎます。
3. 手でちぎったモッツァレラチーズをのせます。
4. すだちをスライスして真ん中にのせ、さらにすだちを軽く搾って香りをつけます。
5. 柚子こしょうをお好みでのせて完成です。

あおさとモッツァレラのマリアージュ。さわやかなすだちの香りと柚子こしょうの辛味がアクセントに

◎ 材料

乾燥あおさ…5g
モッツァレラチーズ
…1/2個（約50g）
すだち・柚子こしょう
…適宜
だしパック…1袋
みそ…大さじ2
水…500ml

> アミノ酸が多く、消化吸収もよい

木綿豆腐と油揚げと三つ葉のおみそ汁 筋力UP

◎ 作り方

1. 鍋に水とだしパックを入れ、沸騰したら4～5分煮て、カットした油揚げを入れて2分煮ます。
2. カットした木綿豆腐を入れてみそを溶き入れます。
3. カットした三つ葉を入れて完成です。

> おだやかな定番の一杯。大豆の味の濃い木綿豆腐と三つ葉がよく合います

◎ 材料

木綿豆腐…200g
油揚げ…1枚
三つ葉…適宜
だしパック…1袋
みそ…大さじ2
水…600ml

> タンパク質、ビタミン、食物繊維で栄養満点

豆乳のちゃんぽん風おみそ汁 美肌 筋力UP

◎ 作り方

1. 炒め油でみじん切りのにんにくと豚肉を炒め、短冊切りの人参、スライスした玉ねぎ、しめじ、きくらげ、もやしを炒めます。
2. 水を入れて5分ほど煮て、鶏ガラ顆粒だしとオイスターソース、キャベツとコーンとカットしたかまぼこを入れて2分ほど煮ます。
3. 豆乳を入れてみそを溶き入れ、沸騰しないように気を付けながら沸く直前で火を止めて完成です。

> お野菜たっぷり具だくさん!豆乳で『ちゃんぽん風』のおみそ汁

◎ 材料

豚肉こま切れ…120g
キャベツ…2枚
玉ねぎ…1/2個
しめじ…1/2株
大豆もやし…1/2袋
人参…4cm
コーン缶…60g
生きくらげ…30g
かまぼこ…60g
にんにく…1かけ
お好みの炒め油…大さじ1
豆乳…200ml
鶏ガラ顆粒だし…大さじ1
オイスターソース…小さじ2
みそ…大さじ2
水…400～500ml

1章 栄養満点！パワーおみそ汁

食物繊維豊富で便秘予防にも

ちまき入り中華豚汁
スタミナ 美肌

◎ 作り方

1. カットした豚肉をごま油で炒め、ごぼう、人参は小さめの乱切り、たけのこは小さめのさいの目切りにして入れ、スライスの生姜も入れて炒めます。
2. 水を入れ沸騰したらアクを取ります。
3. スライスした干し椎茸を戻し汁ごと入れ、10〜12分ほど煮ます。
4. 具材がやわらかく煮えたら、ひと口大にカットしたちまきを入れ2分ほど煮ます。
5. カットしたニラを入れ、みそを溶き入れて完成です。

もち米で作られたちまきを豚汁に入れて中華風の味わいに

◎ 材料

豚バラ肉…80g
水煮たけのこ…1/2袋
人参…4cm
生姜…1かけ
干し椎茸…2個（水150mlを入れて電子レンジ〈600W〉で3分加熱して戻す）
ごぼう…5cm
ニラ…2本
ごま油…大さじ1
ちまき…2個
みそ…大さじ2
水…700ml

スパイスで発汗作用が期待できる

鶏肉と茄子とセロリの
カレー風味おみそ汁
スタミナ

◎ 作り方

1. 鶏もも肉はひと口大にそぎ切りにしてオリーブオイルで炒めます。乱切りの茄子と斜め切りのセロリを加えて、さらに炒めます。
2. 水とだしパックを入れて、沸騰してから3分ほど煮ます。
3. おろし生姜とカレー粉を入れて2分ほど煮ます。
4. セロリの葉を入れ、みそを溶き入れて完成です。

生姜とだしの効いた和風スープカレーのような、ぽかぽか燃焼系の一杯

◎ 材料

鶏もも肉…120g
茄子…1本
セロリ…1/2本と葉少々
おろし生姜…大さじ1
カレー粉…大さじ1
オリーブオイル…大さじ1
だしパック…1袋
みそ…大さじ2
水…600ml

> 長芋はカリウムが豊富。むくみ予防にも

長芋と長ねぎと油揚げのおみそ汁

`疲労回復` `冷え症改善`

◎ 作り方

1. 鍋に水とだしパックを入れ、沸騰したら4〜5分煮て、カットした油揚げと斜め切りの長ねぎを入れて2分煮ます。
2. 拍子木切りの長芋を入れてみそを溶き入れ、完成です。

> 長いもは煮込まないでシャクっとした食感に。長ねぎと油揚げの組み合わせと長芋がぴったりです

◎ 材料

長芋…5cm
長ねぎ…1/2本
油揚げ…1枚
だしパック…1袋
みそ…大さじ2
水…500ml

> 血行を促進する長ねぎと卵で風邪予防を

わかめと長ねぎと溶き卵のおにぎりクッパ風おみそ汁

`免疫力UP`

◎ 作り方

1. 水を沸騰させて乾燥わかめと斜め薄切りにした長ねぎ、鶏ガラ顆粒だしを入れます。
2. 再び沸騰したら、溶き卵を細く回し入れます。
3. みそを溶き入れてごま油を入れます。
4. 器におにぎりを作って入れて3のおみそ汁をかけ、いりごまをかけて完成です。

> ごはんを量っておにぎりにすることで食べすぎを調整できます。満足感もあって元気の出るダイエットメニューです

◎ 材料

長ねぎ…1/2本
乾燥わかめ…大さじ1（約3g）
卵…1個
ごはん…約80g
　（1人分お好みの量）
いりごま…適宜
鶏ガラ顆粒だし…大さじ1
ごま油…大さじ1
みそ…大さじ2
水…500ml

> 良質のタンパク質がたくさんとれる

赤パプリカの麻婆茄子風おみそ汁 筋力UP　スタミナ

◎ 作り方

1. 鶏ひき肉と乱切りの茄子とひと口大にカットした赤パプリカとみじん切り生姜を油で炒めます。
2. 豆板醤を入れて炒め、水を入れて煮ます。
3. 沸騰したらアクを取り、水煮大豆と鶏ガラ顆粒だしと斜め切りの長ねぎを入れて3分ほど煮ます。
4. みそを溶き入れて完成です。

赤パプリカと水煮大豆のピリ辛麻婆茄子風。おかずにもなる一杯です

◎ 材料

茄子…2本
長ねぎ…1/2本
赤パプリカ…1/2個
鶏ひき肉…100g
水煮大豆…120g
豆板醤…小さじ2
鶏ガラ顆粒だし…小さじ1
お好みの炒め油…大さじ1
生姜…1かけ
みそ…大さじ2
水…600ml

> 玉ねぎの辛味・香り成分「硫化アリル」で疲労回復

オニオングラタン風みそスープ 疲労回復　血液サラサラ

◎ 作り方

1. 玉ねぎをスライスして3/4くらいの量を電子レンジ（600W）で5分加熱したあと、オリーブオイルまたはバターであめ色になるまで炒めます。
2. 1の玉ねぎに水、鶏ガラ顆粒だしと残りの1/4分の玉ねぎを1〜2分ほど煮て、みそを溶き入れます。
3. 盛り付けたら、とろけるチーズをのせてトースターで焼いたバゲットをのせ、お好みでみじん切りのパセリをのせて完成です。

玉ねぎたっぷりの洋風味噌スープでパンにぴったり。食感違いの玉ねぎが◎

◎ 材料

玉ねぎ…1個
オリーブオイルまたはバター…適宜
バゲット…1枚
とろけるチーズ…適宜
鶏ガラ顆粒だし…小さじ1
お好みでパセリ
みそ…大さじ2
水…500ml

タウリン豊富なあさりで、高血圧予防も

あさりと玉ねぎと小ねぎの おみそ汁 `ダイエット` `美肌`

◎ 作り方
1. 鍋に水とあさり、スライスした玉ねぎを入れて火にかけます。
2. あさりの口が開いたら1分ほど煮て、みそを溶き入れます。
3. 盛り付けたら、お好みで小ねぎをのせて完成です。

あさりのうま味だしに甘みのある玉ねぎがよく合います

◎ 材料
あさり…150g
玉ねぎ…1/4個
小ねぎ…適宜
みそ…大さじ2
水…500ml

カルシウム、ビタミンCの補給に

お豆腐と長ねぎと ほうれん草のおみそ汁
`美肌` `腸活`

◎ 作り方
1. 鍋に水とだしパックを入れ、沸騰したら4〜5分煮て、斜め切りの長ねぎとカットした豆腐を入れて1〜2分煮ます。
2. カットしたほうれん草を入れて、みそを溶き入れて完成です。

シンプルな定番のお豆腐と長ねぎにほうれん草を加えて、あっさり栄養たっぷりの一杯

◎ 材料
ほうれん草…2株
（下ゆで済み）
長ねぎ…1/3本
豆腐…200g
だしパック…1袋
みそ…大さじ2
水…600ml

1章 栄養満点！パワーおみそ汁

淡白な味わいの白菜は意外にも栄養豊富

スナップエンドウと白菜と油揚げのおみそ汁 免疫力UP

◎ 作り方

1. 鍋に水とだしパック、カットした白菜の白い芯の部分を入れて3分ほど煮ます。
2. カットした油揚げと白菜の葉の部分を入れ、2分ほど煮ます。
3. 斜め半分にカットしたスナップエンドウを入れて1分ほどゆでるように煮て、みそを溶き入れて、完成です。

生のスナップエンドウをおみそ汁でゆでるように仕上げました

◎ 材料

白菜…2枚
油揚げ…1枚
スナップエンドウ
（筋をとっておく）…5本
だしパック…1袋
みそ…大さじ2
水…600ml

クレソンは貧血予防にも

クレソンと厚揚げと椎茸のおみそ汁 腸活 免疫力UP

◎ 作り方

1. 鍋に水とだしパック、スライスした椎茸を入れて4～5分煮ます。
2. カットした厚揚げを入れて1～2分煮ます。
3. クレソンを入れたらみそを溶き入れて完成です。

水耕栽培のクレソンはクセがなく、肉厚な椎茸や厚揚げとよく合います

◎ 材料

厚揚げ…100g
椎茸…2個
クレソン…適宜
だしパック…1袋
みそ…大さじ2
水…600ml

DHA・EPAが効率よくとれる

豆苗と玉ねぎとさば缶の おみそ汁   血液サラサラ　免疫力UP

◎ 作り方

1. 鍋に水と少し厚めにスライスした玉ねぎを入れ、1分煮ます。
2. さば缶を汁ごと入れ、カットした豆苗を入れます。
3. みそを溶き入れて完成です。

さば缶と玉ねぎの甘み、豆苗の風味がマッチしたおみそ汁です

◎ 材料

さば缶…1缶 (120g)
玉ねぎ…1/2個
豆苗…1/3株
みそ…大さじ2
水…500ml

ぬめり成分が余分なコレステロールを下げる

もずくのサンラータン風 おみそ汁   血液サラサラ　疲労回復

◎ 作り方

1. せん切りの人参、スライスした椎茸をごま油で炒めます。
2. 水を入れて沸騰したら1〜2分煮て、鶏ガラ顆粒だし、もずく、短冊切りの木綿豆腐を入れます。再び沸騰したら溶き卵を細く回し入れます。
3. 酢とお好みの量のラー油を入れて、みそを溶き入れます。
4. 盛り付けたら、お好みで追いラー油や小ねぎをのせて完成です。※粉末の山椒もおすすめ

酸っぱ辛いサンラータン風。もずくのとろみで溶き卵もふんわりいい感じに

◎ 材料

もずく…100g
人参…4cm
椎茸…2個
木綿豆腐…200g
卵…1個
鶏ガラ顆粒だし…大さじ1
ごま油…大さじ1
酢…大さじ1
ラー油…適宜
お好みで小ねぎ
みそ…大さじ2
水…500ml

1章 栄養満点！パワーおみそ汁

いわし缶は汁ごと食べて、骨を強化

いわしの水煮缶の簡単つみれおみそ汁 血液サラサラ 美肌

◎ 作り方

1. 鍋に水とだしパック、いちょう切りの大根、半月切りの人参、ささがきごぼう、スライスした椎茸を入れて8〜9分煮ます。
2. 煮ている間に『いわしのつみれ』を作ります。いわし水煮缶の身の部分だけをボウルに入れ、おろし生姜、はんぺん、小ねぎを入れてよく混ぜます。さらに小麦粉も入れてよく混ぜ、スタンバイOK！
3. 具材が煮えたら斜め切りの長ねぎと2のつみれ種を丸めて入れ、3〜4分煮ます。いわし缶の汁を入れてみそを溶き入れて完成です。

生のいわしと格闘しなくても、いわし缶とはんぺんでカンタンつみれができます。おろし生姜が効いて臭みなし！

◎ 材料

いわしのつみれ
- いわし水煮缶…150g（身だけ使用、汁はおみそ汁へ）
- はんぺん…1袋（約100g）
- 小麦粉…大さじ2
- 小ねぎ・おろし生姜…適宜

おみそ汁の具材
- 大根…5cm
- 人参・ごぼう…各4cm
- 椎茸…1個
- 長ねぎ…1/2本
- だしパック…1袋
- みそ…大さじ2
- 水…900ml

なめこのぬめり成分は消化吸収を助ける

かぶとなめこと油揚げのおみそ汁 腸活 ダイエット

◎ 作り方

1. 鍋に水、だしパックとかぶを皮付きのまま8等分のくし切りにして入れて5分煮ます。
2. カットした油揚げを入れて2分煮ます。
3. 細かくカットしたかぶの茎や葉の部分、なめこを入れ、みそを溶き入れて完成です。

皮付きのままのかぶは煮崩れしなくてちょうどよい。葉っぱになめこのとろみがからんで美味しい一杯

◎ 材料

- かぶ…1個（葉付き）
- なめこ…1袋
- 油揚げ…1枚
- だしパック…1袋
- みそ…大さじ2
- 水…600ml

一杯で三大栄養素がとれる

ツナ缶とオクラの
そうめん冷や汁

`筋力UP` `腸活`

◎ 作り方

1. きゅうりをスライスして塩少々（分量外）を混ぜて数分おいて水分を絞ります。
2. ボウルに少量の冷やしただしを入れてみそを溶かし、溶けたら全量のだしを入れます。
3. それぞれカットした大葉・みょうが・ごま、ツナ缶、ちぎった木綿豆腐と1のきゅうりを2に入れます。
4. ゆでで冷水で冷やしたそうめんと3を盛り付け、下ゆでしてカットしたオクラをのせて完成です。

ツナ缶を使ってカンタン冷や汁風に。薬味が効いて、そうめんにぴったりです

◎ 材料

ツナ缶（ノンオイル）
…1缶（70g）
木綿豆腐…100g
大葉…4枚
みょうが…2個
すりごま…大さじ2
きゅうり…1/2本
オクラ…2本
そうめん…お好みの量
だし（冷やしたもの）…250ml
みそ…大さじ2

豊富なビタミン・ミネラルで免疫力を高める

菜の花と新たまねぎの
しらすのせおみそ汁

`血液サラサラ` `免疫力UP`

◎ 作り方

1. 鍋に水とだしパックを入れて3〜4分煮たら、スライスした玉ねぎを入れて2分煮ます。
2. カットした菜の花を入れ、みそを溶き入れます。
3. 盛り付けたら、お好みでしらすをのせて完成です。

菜の花と新玉ねぎの春らしい一杯。しらすのうま味が絶妙です

◎ 材料

菜の花（下ゆで済み）…2束
玉ねぎ…1/2個
しらす…適宜
だしパック…1袋
みそ…大さじ2
水…500ml

36

1章 栄養満点！パワーおみそ汁

> 良質なタンパク質が血や肉をつくる

もやしとニラと塩真だらの豆板醤おみそ汁 筋力UP

◎ 作り方

1. 鍋に水を入れ、沸騰したら酒を入れ、ひと口大にカットした塩真だらとスライスした生姜を入れ、2〜3分煮ます。
2. 豆板醤を溶き入れ、カットしたニラともやしを入れ、2分ほど煮ます。
3. みそを溶き入れて完成です。

塩真だらのピリ辛な一杯。だしは使わないさっぱりしたおかず系おみそ汁です

◎ 材料

塩真だら…2切れ
生姜…1かけ
ニラ…3本
もやし…1/3袋
豆板醤…小さじ2
酒…大さじ1
みそ…大さじ2
水…500ml

> 豆腐と卵で、アミノ酸いっぱいの1杯

お豆腐と卵のみそ雑炊 筋力UP　免疫力UP

◎ 作り方

1. 鍋に水とごはんを入れて、ごはんがやわらかくなるまで煮ます。
2. カットした豆腐を入れ、再び沸いたら溶き卵を入れます。
3. 削り節を指先でもむように入れ、みそを溶き全体を混ぜます。
4. 盛り付けたら、お好みで小ねぎなどをのせて、完成です。

お豆腐と卵のふんわりやわらかいみそ雑炊が胃腸をやさしくリセットします

◎ 材料

絹ごし豆腐…100g
卵…1個
削り節…5g
ごはん…150g
お好みで小ねぎなど
みそ…大さじ2
水…400〜500ml

みそガパオライス

ホタテと三つ葉とレモン春雨のフォー風おみそ汁

タイのガパオライス風にベトナムのフォー風のインドシナ半島をおうちごはんで旅する気分。食べやすい和風アレンジに

1章 栄養満点！パワーおみそ汁

多種の野菜と肉で栄養満点

みそガパオライス　スタミナ

◎ 作り方

1. オリーブオイルでみじん切りのにんにく、生姜、輪切り唐辛子、ひき肉を炒め、色が変わったら粗みじん切りの玉ねぎ、ピーマン、赤パプリカを炒めます。
2. カレー粉を入れて混ぜながら炒め、みそとはちみつを混ぜたものを、全体にからめます。
3. 別のフライパンで目玉焼きを作ります。
4. 器にごはんを盛り2をかけてバジルを添え、3の目玉焼きをのせて完成です。

ナンプラーやオイスターソースを使わず、みそとほんの少しのカレー粉がほどよいスパイス感ある隠し味に

◎ 材料（1人分）

豚ひき肉…150g
玉ねぎ…1/4個
ピーマン…1個
赤パプリカ…1/2個
にんにく・生姜…各1かけ
卵…1個
ごはん…120g
唐辛子（輪切り）…適宜
オリーブオイル…大さじ1/2＋
（目玉焼き用）大さじ1/2
みそ…大さじ1
はちみつ…大さじ1/2
カレー粉…小さじ1/2
バジル…適宜

低脂肪・高タンパクのホタテを味わう

ホタテと三つ葉とレモン春雨のフォー風おみそ汁　ダイエット

◎ 作り方

1. 鍋に水としめじを入れて3〜4分ほど煮ます。
2. 春雨は袋表記の通り下ゆでしてお湯を切り、1に入れ、鶏ガラ顆粒だしとホタテも入れて1分煮ます。
3. 盛り付け用にレモンの輪切り1枚を4等分にカットし、残りのレモンを搾って鍋に入れます。
4. カットした三つ葉を入れてみそを溶き入れ、盛り付けたらレモンをのせて、お好みで七味唐辛子などをかけて完成です。

ホタテと春雨にレモンを加えて、さわやかなフォーみたいなおみそ汁。ガパオライスにピッタリ

◎ 材料

ベビーホタテ（生食サラダ用）
…5〜6個
春雨…40g
しめじ…1/2株
三つ葉…適宜
レモン…1/3個
鶏ガラ顆粒だし…小さじ1
お好みで七味唐辛子
みそ…大さじ2
水…600ml

> 糖質、タンパク質、ビタミン、食物繊維が揃いぶみ

みそ煮込みうどん風 おみそ汁
`スタミナ` `腸活`

◎ 作り方

1. 鍋に水、だしパック、ささがきごぼう、短冊切りの人参、スライスした椎茸、カットした鶏肉を入れて沸騰したらアクを取り、5分ほど煮ます。
2. 電子レンジ（600W）で1分30秒加熱した冷凍うどんを入れ、カットした油揚げ、かまぼこ、長ねぎを入れ、2〜3分煮て、みそを溶きます。
3. 卵を割り入れて2〜3分ほど煮込み、盛り付けて完成です。

※落とし卵は別鍋で作り、盛り付け時に真ん中にのせてもOK

鶏肉とおだしが効いた具だくさんのみそ煮込みうどん風のおみそ汁です

◎ 材料

鶏もも肉…80g
椎茸…1個
ごぼう…1/3本
人参…4cm
油揚げ…1枚
かまぼこ…60g
長ねぎ…1/3本
卵…1個
冷凍うどん…1袋
だしパック…1袋
みそ…大さじ2
水…600ml

> ゴーヤの苦味成分で血糖値の降下効果も

ゴーヤと厚揚げと削り節の おみそ汁
`ダイエット` `免疫力UP`

◎ 作り方

1. スライスしたゴーヤを炒め油で炒めてちぎった厚揚げ、水を入れて5分ほど煮ます。
2. 鶏ガラ顆粒だしを入れてみそを溶き入れます。
3. 盛り付けたら、お好みで削り節をかけて完成です。

ゴーヤを炒めて厚揚げと合わせ、ほろ苦さが少し和らぐ一杯

◎ 材料

ゴーヤ…1/3本
厚揚げ…50g
削り節…適宜
鶏ガラ顆粒だし…小さじ1
お好みの炒め油…大さじ1
みそ…大さじ2
水…600ml

1章 栄養満点！パワーおみそ汁

> 鶏肉のレチノール、良質なタンパク質で美容効果大

タッコムタン風長ねぎナムルのせおみそ汁

`美肌` `免疫力UP`

◎ 作り方

1. ごま油でみじん切りのにんにくと鶏肉を炒め、いちょう切りの大根と、薄くスライスした玉ねぎも炒めます。
2. 水を入れて火にかけて沸騰したらアクを取り、えのき茸とおろし生姜を入れて8〜10分煮ます。
3. 大根がやわらかく煮えたら削り節を入れ、みそを溶き入れます。
4. 盛り付けたら、斜め細切りの長ねぎ、ラー油、いりごま、黒こしょうを混ぜて作った長ねぎナムルをお好みでのせて完成です。

韓国料理『タッコムタン』は鶏肉を煮込んだスープ。長ねぎナムルが薬味に◎

◎ 材料

鶏もも肉…150g
大根…150g
玉ねぎ…1/2個
えのき茸…1/2株
にんにく…1かけ
おろし生姜…大さじ1
ごま油…大さじ1
削り節…2g
長ねぎナムル
　長ねぎ、ラー油、
　いりごま、粗びき黒こしょう
　…各適宜
みそ…大さじ2
水…800ml

> 大豆のサポニンで腸の働きを活発に

お豆腐とわかめと油揚げのおみそ汁

`腸活` `筋力UP`

◎ 作り方

1. 鍋に水とだしパックを入れ沸騰したら3〜4分煮て、カットした油揚げと乾燥わかめを入れ、1〜2分ほど煮たらカットしたお豆腐を入れます。
2. みそを溶き入れて完成です。

何気ない定番のおみそ汁こそ、どんなときもホッとします

◎ 材料

豆腐…200g
乾燥わかめ…大さじ1（3g）
油揚げ…1枚
だしパック…1袋
みそ…大さじ2
水…500ml

> じゃがいものビタミンCは加熱に強い

新じゃがとしめじと小松菜のおみそ汁 `美肌` `疲労回復`

◎ 作り方

1. 鍋に水、だしパック、カットしたじゃがいも、しめじを入れて5〜6分ほど煮ます。
2. じゃがいもがやわらかくなったら、カットした小松菜を入れて1〜2分煮て、みそを溶き入れて完成です。

新じゃがは皮付きのままで。じゃがいものうま味とかつおと昆布だしのうま味が相乗効果を生みます

◎ 材料

新じゃがいも…2個
しめじ…1/2株
小松菜…2株
だしパック…1袋
みそ…大さじ2
水…600ml

> かぼちゃはビタミンの宝庫。美肌、血行促進に

かぼちゃと玉ねぎの豆乳みそポタージュ `疲労回復`

◎ 作り方

1. 鍋に水と種・わたを取ってカットした皮つきのかぼちゃ、スライスした玉ねぎ、にんにくを入れ、かぼちゃがやわらかくなるまで煮ます。
2. 鶏ガラ顆粒だしを入れて混ぜ、火を止めます。
3. 粗熱が取れたらミキサーやブレンダーなどでペースト状にして、豆乳とみそを加えて再度ブレンダーなどで混ぜます。
4. 味の微調整をして冷蔵庫で冷やし、盛り付けたらお好みでかぼちゃの種などをのせて完成です。

皮ごとかぼちゃのみそポタージュは食欲がなくても食べやすいです。温めても◎

◎ 材料

かぼちゃ…1/4個
玉ねぎ…1/2個
にんにく…1かけ
豆乳…200ml
鶏ガラ顆粒だし…小さじ1
お好みでかぼちゃの種など
みそ…大さじ2
水…600ml

1章 栄養満点！パワーおみそ汁

納豆＋豆腐コンビで消化吸収UP

タンパク質たっぷり納豆のせおみそ汁
筋力UP 腸活

◎ 作り方

1. 鍋に水と頭とはらわたを取った煮干しを入れ、30分おきます。
2. 車麸は15分ほど水で戻して4等分にカットし、1に入れて火にかけます。
3. 沸騰したらカットした油揚げとみその半量を溶け入れ、5分ほど煮ます。
4. 手でちぎった木綿豆腐を入れ、斜め切りの長ねぎを入れ、残りのみそを溶け入れます。
5. 盛り付けたら、ひきわり納豆をのせて完成です。

タンパク質たっぷり具材でさらに納豆のせ。煮干しだしが絶妙に合います

◎ 材料

ひきわり納豆…1パック
油揚げ…1枚
木綿豆腐…100g
車麸（薄切り）…2枚
長ねぎ…1/3本
煮干し…4尾
みそ…大さじ2
水…600ml

アスパラギン酸が新陳代謝を高める

アスパラと玉ねぎと温玉のおみそ汁
疲労回復 スタミナ

◎ 作り方

1. 鍋に水とだしパック、スライスした玉ねぎを入れて火にかけ、沸騰したら3分ほど煮ます。
2. 斜め切りにしたアスパラを入れて2分ほど煮たら、みそを溶け入れます。
3. 盛り付けたら真ん中に温泉卵をのせて、お好みで黒こしょうをかけて完成です。

とろ〜り温泉卵を甘い玉ねぎとアスパラにからめて、ごちそう感のある一杯です

◎ 材料

アスパラガス…3本
玉ねぎ…1/2個
温泉卵（人数分）
お好みで粗びき黒こしょう
だしパック…1袋
みそ…大さじ2
水…500ml

> 炭水化物補給にもなる一杯

じゃがいもと小松菜と長ねぎのおみそ汁

`スタミナ` `疲労回復`

◎ 作り方

1. 鍋に水とだしパック、いちょう切りのじゃがいもを入れて5〜6分煮ます。
2. 斜め切りの長ねぎとカットした小松菜を入れて2〜3分煮ます。
3. じゃがいもがやわらかくなったら、みそを溶き入れて完成です。

じゃがいもからもうま味が出て、長ねぎの風味が郷愁を誘う一杯

◎ 材料

じゃがいも…1個
小松菜…2株
長ねぎ…1/3本
だしパック…1袋
みそ…大さじ2
水…600〜700ml

> ビタミン、ミネラル、食物繊維は生大根より豊富

切り干し大根 椎茸 じゃがいも ちくわのおみそ汁

`腸活` `疲労回復`

◎ 作り方

1. 鍋に水とだしパック、スライスした椎茸、半月切りのじゃがいも、水でサッと洗い絞ってカットした切り干し大根を入れて5〜6分煮ます。
2. じゃがいもがやわらかくなったら斜め切りしたちくわを入れて2〜3分煮ます。
3. みそを溶き入れて完成です。

切り干し大根、椎茸、ちくわ、じゃがいもからたくさんのうま味が出て、食べ応えのある一杯に

◎ 材料

切り干し大根…約15g
じゃがいも…1個
椎茸…1個
ちくわ…1本
だしパック…1袋
みそ…大さじ2
水…600〜700ml

1章 栄養満点！パワーおみそ汁

乾物のうま味成分がたっぷり
高野豆腐と干し椎茸とめかぶのおみそ汁　ダイエット

◎ 作り方

1. 戻した干し椎茸をカットして、戻し汁と水を一緒に鍋に入れます。
2. 熱湯に浸して戻した高野豆腐を流水で手で触れられるくらいに冷まし、しっかり絞って手でちぎり、1に入れて3〜4分煮ます。
3. 削り節を入れて、みそを溶き入れます。
4. 盛り付けたら、めかぶと小口切りの長ねぎをお好みの量のせて完成です。

干し椎茸のうま味が高野豆腐にじゅわ〜っと染み込んで美味。めかぶと長ねぎが入り、食べ応えがあるのにヘルシーな一杯

◎ 材料

高野豆腐…1個（約16g）
干し椎茸…2個（水150mlを入れて電子レンジ〈600W〉で3分加熱して戻す）
削り節…2g
めかぶ・長ねぎ…適宜
みそ…大さじ2
水…500ml
（干し椎茸の戻し汁と合わせて）

水溶性ビタミンたっぷり！汁ごと飲み干したい
春キャベツと新玉ねぎと油揚げのおみそ汁　免疫力UP

◎ 作り方

1. 鍋に水とだしパックを入れて沸騰したら4〜5分煮て、カットした油揚げとスライスした玉ねぎを入れ、2〜3分煮ます。
2. カットしたキャベツを入れて1分ほど煮たら、みそを溶き入れて完成です。

みずみずしい新玉ねぎとやわらかい春キャベツの自然の甘みを楽しむ一杯

◎ 材料

キャベツ…2枚
新玉ねぎ…1/2個
油揚げ…1枚
だしパック…1袋
みそ…大さじ2
水…600ml

キムチと豚肉のビタミンB₁で代謝UP

木綿豆腐のキムチチゲ風豚汁 スタミナ 筋力UP

◎ 作り方
1. 水の入った鍋にカットした豚肉を泳がせるように広げて入れ、火にかけて沸騰したらアクを取ります。
2. カットした豆腐、長ねぎ、ほうれん草、おろし生姜を入れます。
3. 再び沸いたらキムチを入れ、みそを溶き入れて完成です。

少し余りがちなキムチはおみそ汁に。お豆腐、ほうれん草と長ねぎのカンタン豚汁でおかずおみそ汁の一杯

◎ 材料
豚肉薄切り…100g
白菜キムチ…約80g
長ねぎ…1/2本
木綿豆腐…200g
ほうれん草（下ゆで済み）
…適宜
おろし生姜…大さじ1/2
みそ…大さじ2
水…600ml

栄養満点「野菜の王様」をおいしく

モロヘイヤとえのき茸とお豆腐のおみそ汁 美肌

◎ 作り方
1. 鍋に水とだしパック、カットしたえのき茸を入れて5分ほど煮ます。
2. カットした豆腐とモロヘイヤを入れて1分煮たら、みそを溶き入れて完成です。

ネバネバのモロヘイヤによく煮たえのき茸のとろみで、やさしいトロトロが食べやすい一杯

◎ 材料
モロヘイヤ（下ゆで済み）
…50〜60g
絹ごし豆腐…200g
えのき茸…1/2袋
だしパック…1袋
みそ…大さじ2
水…500ml

1章 栄養満点！パワーおみそ汁

> 舞茸は骨や歯の健康を維持

白舞茸と油揚げと小松菜のおみそ汁 免疫力UP 美肌

◎ 作り方

1. 鍋に水とだしパック、手で割いた白舞茸を入れて5分ほど煮ます。
2. カットした油揚げと小松菜を入れて2〜3分煮たら、みそを溶き入れて完成です。

白舞茸は舞茸の風味やうま味はそのままで白くてキレイ。小松菜など青みを活かした白っぽい色のおみそがおすすめ

◎ 材料

白舞茸…1/2パック
小松菜…2株
油揚げ…1枚
だしパック…1袋
みそ…大さじ2
水…600ml

> 豚肉の脂肪酸がコレステロールを軽減

野菜炒め豚汁
スタミナ 筋力UP

◎ 作り方

1. みじん切りのにんにくと豚肉を炒め油で炒めます。
2. 豚肉が白くなり火が通ったら、みじん切りの生姜とカットした人参、きくらげ、もやしを加えて炒めます。
3. 水を入れて沸騰したらアクを取り、鶏ガラ顆粒だしと手でちぎったキャベツを入れ1〜2分煮ます。
4. みそを溶き入れて完成です。

肉野菜炒めをおみそ汁にすることで炒めもの一品分の塩分をカット。おかずにもなる一杯です

◎ 材料

豚肉こま切れ…120g
キャベツ…2枚
人参…4cm
もやし…1/3袋
生きくらげ…適宜
生姜・にんにく…各1かけ
お好みの炒め油…大さじ1
鶏ガラ顆粒だし…小さじ1
みそ…大さじ2
水…600ml

コラーゲンの働きで肌、関節、骨を丈夫に

もつ煮風おみそ汁

`美肌` `疲労回復`

◎ 作り方

1. いちょう切りにカットした大根・人参、斜め切りのごぼう、豚白もつ、スライスした生姜を水から煮ます。
2. 沸騰したらアクを取り、スライスした玉ねぎを入れ、みその半量（大さじ1）を溶き入れて、酒を入れて15分ほど煮込みます。
3. みその残り半量分（大さじ1）を溶き入れ、味を調えて火を止め、1〜2時間ほどおいて冷まし、味を染み込ませます。
4. 再び温めて盛り付けたら、小口切りの長ねぎと七味唐辛子をお好みでのせて完成です。

完成後に冷まして再加熱することで味の染み込んだもつ煮はおかずにもおつまみにも

◎ 材料

豚白もつ（下ゆで処理済み）
…約200g
ごぼう…5cm
大根・人参…各4cm
玉ねぎ…1/2個
生姜…1かけ
長ねぎ…適宜
酒…大さじ2
七味唐辛子…適宜
みそ…大さじ2〜3
水…900ml

滋養強壮にビタミン・ミネラルもプラス

ほうれん草と長芋と油揚げのおみそ汁

`免疫力UP` `疲労回復`

◎ 作り方

1. 鍋に水とだしパックを入れて沸騰したら3〜4分煮て、カットした油揚げを入れて2〜3分煮ます。
2. 皮をむいて拍子木切りにした長芋を加えます。
3. カットしたほうれん草を入れてみそを溶き入れ、完成です。

拍子木切りの長芋のとろみがやさしく、ほうれん草もたっぷり食べられる一杯

◎ 材料

ほうれん草（下ゆで済み）
…3株
長芋…4cm
油揚げ…1枚
だしパック…1袋
みそ…大さじ2
水…500ml

1章 栄養満点！パワーおみそ汁

代謝を活発にするわかめのヨウ素を享受

じゃがいもと油揚げとわかめのおみそ汁　美肌　腸活

◎ 作り方
1. 鍋に水とだしパック、半月切りのじゃがいもを入れて5〜6分煮ます。
2. カットした油揚げとわかめを入れ、2〜3分煮ます。
3. じゃがいもがやわらかくなったら、みそを溶き入れて完成です。

定番の組み合わせ。じゃがいものうま味に油揚げのコクがプラスされた食べ応えのある一杯

◎ 材料
じゃがいも…1個
油揚げ…1枚
乾燥わかめ…大さじ1（約3g）
だしパック…1袋
みそ…大さじ2
水…600〜700ml

しじみのビタミンBで貧血予防を

しじみとキャベツのバター炒めおみそ汁　疲労回復　筋力UP

◎ 作り方
1. 手でちぎったキャベツをバターでサッと炒めます。
2. 冷凍しじみは表面をサッと洗い、1に入れます。
3. 水を入れ、沸騰したら少し火を弱めて2〜3分煮ます。
4. しじみの口が全部開いたらみそを溶き入れます。
5. 盛り付けたら、お好みで追いバターや黒こしょうをかけて完成です。

砂出し済みの冷凍しじみが便利。バターのコクとしじみのうま味、キャベツの甘味には赤と白の合わせみそが絶妙にマッチング

◎ 材料
冷凍しじみ…1袋（320g）
キャベツ…3枚
バター…8〜10g
（お好みで追いバター）
お好みで粗びき黒こしょう
みそ…大さじ2
水…600ml

しっかり噛んでビタミンC・食物繊維を

お雑煮豚汁
腸活　スタミナ

◎ 作り方

1. いちょう切りの大根と半月切りの人参・れんこん、斜め切りのごぼう、しめじを入れて水を入れて、豚肉を広げながら入れ火にかけ、沸騰したらアクを取りながら10分ほど煮ます。
2. 大根・人参がやわらかくなったらカットしたかまぼこと斜め切りの長ねぎを加え2～3分煮ます。
3. みそを溶き入れます。
4. 別の鍋で餅を煮て、3を盛り付けたら煮えた餅を入れて完成です。

お正月の気合を入れて作るお雑煮より、日常の豚汁で食べるお餅がとても落ち着ける一杯

◎ 材料

豚肉こま切れ…100～120g
大根・人参…各4cm
しめじ…1/2株
ごぼう…5cm
れんこん…40g
長ねぎ…1/3本
かまぼこ…適宜
餅…お好みの量
みそ…大さじ2
水…800ml

オクラのペクチンが血糖値上昇を抑える

オクラとわかめと油揚げのおみそ汁
免疫力UP　ダイエット

◎ 作り方

1. 鍋に水とだしパックを入れて沸騰したら3～4分煮て、カットした油揚げと乾燥わかめを入れて2分ほど煮ます。
2. 斜め切りのオクラを入れて、2分ほど煮たらみそを溶き入れて完成です。

オクラを斜め切りにすると存在感がアップします。生のままサッとゆでるように煮ながら、ゆで汁ごとおみそ汁に

◎ 材料

オクラ…3本
乾燥わかめ…大さじ1（約3g）
油揚げ…1枚
だしパック…1袋
みそ…大さじ2
水…600ml

1章 栄養満点！パワーおみそ汁

> 白菜とほうれん草は高血圧予防の黄金コンビ

白菜とほうれん草としめじの豚汁

`血液サラサラ` `疲労回復`

◎ 作り方

1. 鍋に水を入れ、しめじと3等分にカットした豚肉を広げながら入れて火にかけます。
2. 沸騰したらアクを取って、カットした白菜の白い芯の部分を入れて3〜4分煮ます。
3. カットした白菜の葉の部分を入れ、1〜2分煮ます。
4. カットしたほうれん草を入れ、みそを溶き入れたら完成です。

> いつものおみそ汁にちょっと豚肉を入れれば、おだしなしでもうま味のある『パッとん汁』に

◎ 材料

豚肉薄切り…3枚
白菜…1枚
しめじ…1/2株
ほうれん草（下ゆで済み）
…2株
みそ…大さじ2
水…600ml

> かぼちゃのビタミンEと生姜の辛みで冷え防止

冷凍かぼちゃと鶏そぼろのおみそ汁

`美肌` `冷え性改善`

◎ 作り方

1. 冷凍かぼちゃは皮を下にしてラップをかけ、電子レンジ（600W）で約3分加熱します。
2. 炒め油で鶏ひき肉とおろし生姜を炒めます。
3. 水と1のかぼちゃを入れて、2〜3分煮ます。
4. 削り節を入れ、みそを溶き入れて、お好みで小ねぎなどをのせて完成です。

> 急速冷凍されているから食感も味わいも採れたての美味しさ。煮えるもの早く、時短で使いやすくて便利

◎ 材料

かぼちゃ（冷凍食品）
…1/2袋（約130g）
鶏むねひき肉…180g
お好みの炒め油…大さじ1
おろし生姜…小さじ2
削り節…2g
お好みで小ねぎなど
みそ…大さじ2
水…500ml

> 良質のタンパク質がたくさんとれる

牛肉と豆もやしの
ユッケジャン風おみそ汁

`疲労回復` `筋力UP`

◎ 作り方

1. 鍋にごま油とスライスしたにんにく、豆板醤、せん切りの人参を入れて炒め、カットした牛肉を入れて炒めます。
2. 水を入れて沸騰したらアクを取り、豆もやしを入れて3〜4分煮ます。
3. 斜め切りの長ねぎとカットしたニラ、鶏ガラ顆粒だしを入れて、再び沸騰したら溶き卵を細く回し入れます。
4. みそを溶き入れて完成です。

牛肉やもやしなど具だくさんの韓国料理スープ『ユッケジャン』をおみそ汁仕立てで

◎ 材料

牛肉薄切り…200g
ニラ…3本
人参…4cm
豆もやし…1/3袋
長ねぎ…1/2本
卵…1個
豆板醤…大さじ1
にんにく…1かけ
ごま油…大さじ1
鶏ガラ顆粒だし…小さじ2
みそ…大さじ2
水…600ml

> 茄子を皮ごと使ってポリフェノールを

茄子としめじとみょうがの
おみそ汁 `腸活` `免疫力UP`

◎ 作り方

1. 鍋に水、だしパック、しめじを入れて3〜4分ほど煮ます。
2. 火を強めて沸騰させ、お好みの油を入れて、半月切りの茄子を入れて強火のまま3〜4分煮ます。
3. みそを溶き入れ、盛り付けたら大きめの斜め切りしたみょうがをのせて完成です。

茄子を色よく仕上げる必勝法！沸騰したおだしにオイルを入れて強火のまま茄子を煮ると、紫色のきれいな色が出やすくなります

◎ 材料

茄子…2本
しめじ…1/2株
みょうが…2個
お好みの油…大さじ2
だしパック…1袋
みそ…大さじ2
水…600ml

1章 栄養満点！パワーおみそ汁

あさりのタウリンはコレステロール軽減効果も

あさりとマッシュルームの にんにくオイルおみそ汁
`美肌` `ダイエット`

◎ 作り方

1. オリーブオイルでスライスしたにんにくとマッシュルーム、カットしたトマトを炒めます。
2. あさりと酒を入れ、沸いたら水を入れて煮ます。
3. あさりの口が開いたらみそを溶き入れます。盛り付けたら、お好みでイタリアンパセリをのせて完成です。

にんにくとトマトとマッシュルームで、あさりのおみそ汁がイタリア風に変身

◎ 材料

あさり（砂抜き済み）…200g
トマト…小2個
にんにく…1かけ
マッシュルーム…2個
酒…大さじ2
オリーブオイル…大さじ1
お好みでイタリアンパセリ
みそ…大さじ2
水…500ml

「海のミルク」である牡蠣でミネラル補給を

牡蠣とほうれん草の ミルクおみそ汁 `美肌`

◎ 作り方

1. 鍋に水、スライスした玉ねぎ、半月切りの人参を入れて5〜6分煮ます。
2. 人参がやわらかくなったら、水で洗った牡蠣を入れ、沸騰したら少し火を弱めて4〜5分煮ます。
3. 鶏ガラ顆粒だしを入れ、カットしたほうれん草とみそを溶き入れます。
4. 味の調整をしながら牛乳を入れ、沸騰しないように温めて完成です。

牡蠣の濃厚なうま味と牛乳でまろやかなスープ系おみそ汁に。ほうれん草と人参の色合いも鮮やか

◎ 材料

牡蠣…5〜6個
ほうれん草（下ゆで済み）…3株
人参…3cm
玉ねぎ…1/2個
牛乳…200〜300ml
鶏ガラ顆粒だし…小さじ2
みそ…大さじ2
水…500ml

生姜みそおにぎり
キャベツと玉ねぎの具だくさん豚汁

具だくさんの豚汁に甘みのある
生姜みそおにぎりだけで他に
おかずなんていらない！ パ
ワーチャージごはんの完成で
す

1章 栄養満点！パワーおみそ汁

生姜が食欲を増進し、体を温める

生姜みそおにぎり

スタミナ　冷え症改善

◎ 作り方

1. みそ、はちみつ、おろし生姜を混ぜます。
2. おにぎりに1をぬります。
3. トースターで5分ほど焼き色がつくくらいまで焼き、お好みでカットした生姜をのせて完成です。

はちみつとみそでカンタン甘みそだれにおろし生姜を加えておにぎりにぬって焼くだけ。コレは間違いないおいしさ！

◎ 材料

おにぎり…2個（120g）
おろし生姜…大さじ1
みそ…大さじ2
はちみつ…大さじ1
お好みで後のせ生姜

胃腸にやさしいキャベツをたっぷりと

キャベツと玉ねぎの具だくさん豚汁

腸活　疲労回復

◎ 作り方

1. 鍋に水と細めの短冊切りの人参、豚肉、しめじを入れ、沸騰したらアクを取り、スライスした玉ねぎを入れて3〜4分煮ます。
2. カットしたキャベツを入れて1〜2分煮ます。
3. 削り節を指で細かくもむように入れ、みそを溶き入れて完成です。

キャベツと玉ねぎがたっぷりで、豚肉が少なくても削り節のちょい足しでコクうまに

◎ 材料

豚肉こま切れ…60g
キャベツ…3枚
玉ねぎ…1/2個
人参…4cm
しめじ…1/2株
削り節…2g
みそ…大さじ2
水…600ml

> じゃこ天のビタミンDでカルシウムの吸収をアップ

大根 長ねぎ しめじ じゃこ天のおみそ汁

ダイエット

◎ 作り方

1. 鍋に水、だしパック、せん切りした大根、しめじを入れて5分ほど煮ます。
2. カットしたじゃこ天と斜め切りの長ねぎを入れて3分ほど煮たら、みそを溶き入れて完成です。

> じゃこ天からもうま味だしが出て、長ねぎとよく合います。せん切り大根としめじも入って、食べ応えのある一杯

◎ 材料

大根…4cm
しめじ…1/2株
じゃこ天…2枚
長ねぎ…1/3本
だしパック…1袋
みそ…大さじ2
水…600ml

> 糖質が脳の栄養になる

甘酒とトマトジュースのミネストローネ風おみそ汁

腸活

◎ 作り方

1. 鍋に水、さいの目にカットした玉ねぎ・人参・さつまいも・れんこん・赤パプリカ、水煮大豆を入れて7〜8分煮ます。
2. さつまいもがやわらかく煮えたら鶏ガラ顆粒だし、トマトジュース、甘酒を入れ3〜4分煮ます。
3. カットしたいんげんを入れ、みそを溶き入れて完成です。

> トマトジュースに甘酒を加えることでトマトの酸味がまろやかに。ほのかな甘みで食べやすいトマトスープ系の一杯です

◎ 材料

玉ねぎ…1/2個
れんこん…30g
さつまいも…1/3本
人参…3cm
水煮大豆…50〜60g
赤パプリカ…1/2個
鶏ガラ顆粒だし…大さじ1
さやいんげん(下ゆで済み)…3本
甘酒…100ml
トマトジュース…400ml
みそ…大さじ2
水…500ml

1章 栄養満点！パワーおみそ汁

春キャベツと温玉納豆のせおみそ汁

ひき割り納豆＆温泉卵で消化よく

`腸活` `スタミナ`

◎ 作り方

1. 鍋に水とだしパックを入れて4分煮たら、ざく切りのキャベツを入れて1〜2分煮て、みそを溶き入れます。
2. 盛り付けたら、納豆に温泉卵を混ぜて上にのせ、完成です。

納豆に温泉卵を混ぜてキャベツのおみそ汁にのせると食べやすくておすすめです。温玉が納豆を熱からガード

◎ 材料

キャベツ…2枚
ひきわり納豆（小）…1パック
温泉卵…1個
だしパック…1袋
みそ…大さじ2
水…500ml

塩銀鮭と根菜のおみそ汁

鮭の豊富なビタミン群が胃腸を整える

`ダイエット` `冷え症改善`

◎ 作り方

1. 塩銀鮭をひと口大にカットして、お好みの炒め油で鮭の表面を軽く焼いて取り出しておきます。
2. いちょう切りの大根、半月切りの人参・里芋、ささがきごぼう、スライスした椎茸を一緒に炒めます。
3. 水を入れ、みそを半量（大さじ1）溶き入れ、鮭を戻し入れて煮ます。
4. 吹きこぼれないように注意して、アクを取りながら大根、人参がやわらかくなるまで10分ほど煮ます。
5. 斜め切りの長ねぎを入れ、最後に残り半量（大さじ1）のみそを溶き入れて完成です。

鮭と椎茸と根菜からのうま味だしたっぷり。肌寒くなった頃に食べたい一杯

◎ 材料

塩銀鮭…2切れ
大根・人参…各4cm
ごぼう…5cm
里芋…1個
長ねぎ…1/3本
椎茸…1個
お好みの炒め油…適宜
みそ…大さじ2
水…800ml

> これ一杯でタンパク質もビタミンも

具だくさん八宝菜風おみそ汁 　美肌　筋力UP

◎ 作り方

1. 鍋に水、豚肉、しめじ、短冊切りの人参を入れ、沸騰したらアクを取り、カットした白菜の白い芯の部分を入れて5分ほど煮ます。
2. カットした小松菜と白菜の葉の部分を入れて2〜3分煮ます。
3. 殻をむいて背ワタを取り、片栗粉（分量外）をまぶして汚れを取り流水で洗ったえび、ホタテ、カットしたいんげんを入れて2〜3分煮ます。
4. みそを溶き入れて完成です。

魚介も豚肉もお野菜もこの一杯で栄養満点。食べ応えあるごちそうおみそ汁です

◎ 材料

白菜…2枚
人参…4cm
小松菜…2株
しめじ…1/2株
ベビーホタテ（生食サラダ用）…4〜5個
バナメイえび…4〜5尾
豚肉こま切れ…80g
さやいんげん…2本
みそ…大さじ2
水…800ml

> 血圧を下げるカリウムたっぷりのおかずおみそ汁

里芋入り豚汁 　血液サラサラ　冷え症改善

◎ 作り方

1. 半月切りにカットした里芋、人参、いちょう切りの大根、しめじ、斜め切りのごぼうを鍋に入れ、水を入れ、カットした豚肉を広げながら入れて火にかけます。
2. 沸騰したらアクを取り、こんにゃくを入れて里芋や人参がやわらかくなるまで10分ほど煮ます。
3. みそを溶き入れて盛り付けたら、お好みで長ねぎや七味唐辛子などのせて完成です。

ねっとりやわらかい里芋と根菜類がたっぷりの豚汁がほっこりおいしい一杯

◎ 材料

豚バラ肉…150g
里芋…2個
大根・人参…各3cm
しめじ…1/2袋
ごぼう…1/3本
こんにゃく…1/2枚
長ねぎ・七味唐辛子…適宜
みそ…大さじ2
水…800〜900ml

1章 栄養満点！パワーおみそ汁

デトックス効果大のうどをおみそ汁で手軽に
うどと人参のきんぴら風りんご酢のおみそ汁

`ダイエット` `疲労回復`

◎ 作り方

1. 細めの短冊切りにしたうど・人参をごま油で炒めます。
2. 水とだしパックを入れて5分ほど煮ます。
3. うどの葉の部分があれば入れて1分煮たら、りんご酢を入れます。
4. みそを溶き入れて完成です。

りんご酢をおみそ汁に入れることでコクが出ます。さっぱり味わえるのでおすすめです

◎ 材料

うど…約150g（あれば葉も）
人参…4cm
りんご酢（米酢でもOK）
…大さじ1
ごま油…大さじ1
だしパック…1袋
みそ…大さじ2
水…500ml

昆布のヨウ素は全身の基礎代謝をアップ
さつま揚げと玉ねぎと切り昆布のおみそ汁

`血液サラサラ`

◎ 作り方

1. 切り昆布は3～4か所カットし、玉ねぎはスライスし、さつま揚げは半分にカットしてから細切りにします。
2. 鍋に水と1を入れて火にかけ、沸騰したら少し火を弱めて5分ほど煮ます。
3. 削り節を入れ、みそを溶き入れて完成です。

切り昆布は煮るとやわらかくなってうま味だしが出ます。さつま揚げと玉ねぎの甘みで食べ応えあるヘルシーな一杯

◎ 材料

切り昆布（生パック）…100g
玉ねぎ…1/2個
さつま揚げ…2枚
削り節…2g
みそ…大さじ2
水…500ml

> カロテン＋カリウムでミネラルたっぷり

ズッキーニと茄子と油揚げのおみそ汁 美肌 免疫力UP

◎ 作り方

1. 鍋に水と頭とはらわたを取った煮干しとだしパックを入れ3〜4分煮て、カットした油揚げを入れて2分煮ます。
2. 強火にしたままカットした茄子を入れ、2分ほど煮ます。
3. 中火にし、カットしたズッキーニを入れてサッと煮て火を止めます。
4. みそを溶き入れて完成です。

> 茄子とズッキーニに煮干しを加えたおだしが、濃厚なみそと相性抜群です

◎ 材料

茄子…2本
ズッキーニ…1/3本
油揚げ…1枚
煮干し…4尾
だしパック…1袋
みそ…大さじ2
水…600ml

> カロテン、ビタミンたっぷりのおみそ汁

ニラとえのき茸と溶き卵のおみそ汁 スタミナ 腸活

◎ 作り方

1. 鍋に水とだしパック、カットしたえのき茸を入れて5分ほど煮ます。
2. カットしたニラを入れます。
3. 強火にして、溶き卵を箸に伝わせながら細く回し入れます。
4. 火を止めてみそを溶き入れ、お玉で全体を大きく混ぜて完成です。

> ふんわり溶き卵にえのき茸の甘みやうま味がよく合います

◎ 材料

ニラ…3本
えのき茸…1/2株
卵…1個
だしパック…1袋
みそ…大さじ2
水…500ml

1章 栄養満点！パワーおみそ汁

> 豆乳のサポニンが強い抗酸化作用をもたらす

豆乳坦々春雨のおみそ汁

`腸活` `疲労回復`

◎ 作り方

1. 炒め油でひき肉を炒め、おろし生姜と、細めの短冊切りにした人参を入れて炒め、水を入れて4〜5分煮ます。
2. 春雨は袋表記の通りに下ゆでしてお湯を切り、1に入れます。
3. 鶏ガラ顆粒だし、カットしたニラを入れます。
4. みそを溶き入れ、豆乳を入れて沸騰しないように温めて火を止めます。
5. 盛り付けたら、お好みですりごまや白髪ねぎ、ラー油などかけて完成です。

◎ 材料

鶏むねひき肉…100g
ニラ…2本
人参…4cm
春雨…30g
おろし生姜…大さじ1
豆乳…約300ml
鶏ガラ顆粒だし…大さじ1
お好みの炒め油…大さじ1
すりごま・長ねぎ（白髪ねぎ）・ラー油など適宜
みそ…大さじ2
水…400ml

豆乳で春雨の担々麺風に。ラー油などの辛味は盛り付けた後お好みでかけるのでお子様でも食べられる作り方です

> だしだけじゃない！昆布のミネラルの恩恵を

結び昆布と大根と人参とがんもどきのおみそ汁

`腸活`

◎ 作り方

1. 鍋に水、だしパック、いちょう切りの大根と人参、結び昆布を入れて6〜7分煮ます。
2. カットしたがんもどきを入れ、3〜4分煮て大根と人参がやわらかくなったら、みそを溶き入れて完成です。

◎ 材料

大根・人参…各4cm
がんもどき…1個
結び昆布…4個
だしパック…1袋
みそ…大さじ2
水…700ml

結び昆布とがんもどきでおでんのような一杯。やわらかく煮えた昆布はおだしにもなるし具材として食べても美味しいです

コラム1 スピードラクまぜおみそ汁

つかれたとき、やる気が出ないときにも1杯のおみそ汁はきっとあなたを元気づけたり、リラックスさせてくれたりするはずです。そんなときに簡単に作ることができるおみそ汁を紹介します。

ラクまぜおみそ汁 1 ― 基本のベース 具なしでもOK

AFTER 削り節がだしに。本格的な味と香りで、具材なしでも十分おいしいおみそ汁をあっという間に作ることができます。

BEFORE お椀にみそ、削り節を入れます。まず、熱湯を少量入れてみそをしっかり溶かし、残りのお湯を入れて混ぜます。

◎ 材料
- みそ…大さじ2/3〜1
- 削り節…1〜2g
- 熱湯…180ml

ラクまぜおみそ汁 2 ― わかめと桜えび入り お好みで乾物を

AFTER 桜えびが時短と思えない豊かな風味を加えます。少量のお湯でみそを溶かしている間に、わかめも戻ります。

BEFORE お椀にみそ、削り節、桜えび、乾燥わかめを入れます。少量の熱湯でみそをしっかり溶かし、残りのお湯を入れて混ぜます。

◎ 材料
- みそ…大さじ2/3〜1
- 削り節…1〜2g
- 熱湯…180ml
- 桜えび…大さじ1
- 乾燥わかめ…1g

ラクまぜおみそ汁 3 ― レンチンバージョン

AFTER レンチンで1杯分のおみそ汁が美味しくできます。お湯も沸かしたくない、というときの強い味方に。

BEFORE 器にみそ以外の材料を入れ、ラップをして電子レンジ（600W）で1分30秒〜2分加熱し、取り出し、みそを溶かしてよく混ぜます。

◎ 材料
- みそ…大さじ1/2〜1
- 削り節…1〜2g
- 水…150〜180ml
- 豆腐…スプーン2〜3杯
- 乾燥わかめ…1g
- 耐熱容器（マグカップなど。調理中にこぼれない大きさのもの）

2章

おいしく食べてキレイに！ラクやせおみそ汁

2章では、キレイに食べやせするためのタンパク質、ビタミン、食物繊維が豊富な食材を使ったおみそ汁を紹介。美肌や冷え性改善など、女性にうれしい効果もあるレシピも盛りだくさんです。

> きのこ類とごぼうで食物繊維たっぷり

こんにゃくとごぼうと きのこの豚汁 `ダイエット` `腸活`

◎ 作り方

1. 鍋に水、きのこ、ささがきごぼう、こんにゃくと細めにカットした豚肉を入れて火をつけます。
2. 沸騰したらアクを取り、10分ほど煮たらみそを溶き入れます。
3. 盛り付けて、お好みで小ねぎなどをのせて完成です。

いろいろなきのこのうま味と豚もも肉で、おいしくてヘルシーな一杯です

◎ 材料

しめじ…1/3株
舞茸…1/3パック
えのき茸…1/3株
椎茸…1個
豚もも肉…120g
ごぼう…1/3本
お好みで小ねぎなど
みそ…大さじ2
水…700ml

> セロリの香り成分がイライラを鎮める

鶏肉とセロリとごぼうと生姜の おみそ汁 `ダイエット` `冷え性改善`

◎ 作り方

1. 鍋に水、だしパック、スライスした生姜、斜め切りのごぼうを入れて5分ほど煮ます。
2. いったん火を止め、ひと口大にカットして片栗粉をまぶした鶏肉を入れて、余熱で10分ほどおきます。
3. 再び火を入れて沸騰したら、少し火を弱めて5分ほど煮ます。鶏肉に火が入ったら、セロリの茎の部分を入れて1分煮て、葉の部分を入れ、みそを溶き入れ、完成です。

片栗粉をまぶした鶏肉がぷるるんとやわらかく、おつゆにも少しとろみがついてぽかぽかあたたまる一杯

◎ 材料

鶏もも肉…150g
セロリ…1/2本と葉少々
ごぼう…5cm
生姜…1かけ
片栗粉…大さじ2
だしパック…1袋
みそ…大さじ2
水…700ml

64

2章 おいしく食べてキレイに！ラクやせおみそ汁

根菜類の食物繊維が老廃物を排出

大根と人参とごぼうと厚揚げのおみそ汁

`腸活` `疲労回復`

◎ 作り方

1. 鍋に水とだしパック、薄めの短冊切りにした大根・人参、斜め切りのごぼうを入れて4〜5分煮ます。
2. 拍子木切りの厚揚げを入れて2〜3分煮ます。
3. 人参がやわらかくなったら、みそを溶き入れて完成です。

大根、人参、ごぼうなど根菜類のおみそ汁に、お豆腐よりも食べ応えのある厚揚げを加え、よく噛んで食べれば満腹感アップ

◎ 材料

大根・人参…各4cm
ごぼう…1/3本
厚揚げ…約100g
だしパック…1袋
みそ…大さじ2
水…600ml

モロヘイヤの粘り成分が血糖値の上昇を抑える

長芋のとろろ納豆のせモロヘイヤのおみそ汁

`ダイエット`

◎ 作り方

1. 鍋に水とだしパックを入れ、沸騰したら4〜5分煮て、カットしたモロヘイヤを入れ、みそを溶き入れます。
2. 盛り付けたら、納豆にすりおろした長芋を混ぜて真ん中にのせて完成です。

ネバネバトロトロのモロヘイヤにとろろをからめてコーティングされた納豆をのせれば、最強のトロネバおみそ汁に

◎ 材料

モロヘイヤ（下ゆで済み）
　…50〜60g
ひきわり納豆…1パック
長芋（すりおろし）…約40g
だしパック…1袋
みそ…大さじ2
水…500ml

大根の消化酵素が消化不良や胃もたれを防止

もずくと大根おろしの みぞれおみそ汁 `ダイエット` `腸活`

◎ 作り方

1. 鍋に水とだしパックを入れ、沸騰したら4～5分煮てもずくを入れます。大根おろしのトッピング分は軽く絞って取りおき、汁は鍋に入れます。
2. みそを溶き入れて盛り付けたら、取りおいた大根おろしと小ねぎをのせて完成です。

大根おろしをおみそ汁に入れると、みぞれ鍋のようにさっぱり食べられます

◎ 材料

大根おろし…80g
もずく…100g
小ねぎ…適宜
だしパック…1袋
みそ…大さじ2
水…500ml

揚げ玉でタンパク質をさらにプラス

わかめとお豆腐と揚げ玉の おみそ汁 `筋力UP` `美肌`

◎ 作り方

1. 鍋に水とだしパックを入れ、沸騰したら2～3分煮て、わかめ、カットした豆腐を入れて1～2分煮たら、みそを溶き入れます。
2. 盛り付けたら揚げ玉をのせ、お好みで七味唐辛子をかけて完成です。

おみそ汁の具材で人気のわかめとお豆腐に、揚げ玉をのせて七味唐辛子もかけて、ちょっとだけ味変してみました

◎ 材料

乾燥わかめ
…大さじ1（約3g）
絹ごし豆腐…200g
揚げ玉・七味唐辛子…適宜
だしパック…1袋
みそ…大さじ2
水…500ml

2章 おいしく食べてキレイに！ラクやせおみそ汁

> 滋養強壮効果があるれんこんを時短で味わう

芽れんこんと雪下人参のおみそ汁 `腸活` `美肌`

◎ 作り方

1. 鍋に水、だしパック、縦半分にカットしてスライサーで薄くスライスした人参と芽れんこんを入れて5分ほど煮ます。
2. みそを溶き入れて完成です。

やわらかい芽れんこんと雪の下で保存して甘みが増した雪下人参。薄くスライスすれば、早く火が通り、食べやすくなります

◎ 材料

芽れんこん（小）…1/2節
人参…3cm
だしパック…1袋
みそ…大さじ2
水…500ml

> 長芋と人参のカリウムはむくみを防止

長芋のすり流しとおろし人参とかいわれ大根のおみそ汁

`腸活` `ダイエット`

◎ 作り方

1. 長芋をすりおろして、みそ汁用とトッピング用に取り分けておきます。
2. 鍋に水とだしパックを入れ、沸騰したら4～5分煮てすりおろした長芋を入れ、みそを溶き入れます。
3. 盛り付けて、すりおろし人参と取りおいた長芋をのせ、カットしたかいわれ大根を添えて完成です。

とろろをおみそ汁に入れる「すり流し」に、人参も生のまますりおろして一緒に食べる一杯

◎ 材料

長芋…7～8cm
人参（すりおろし）
…大さじ2くらい
かいわれ大根…適宜
だしパック…1袋
みそ…大さじ2
水…500ml

塩さばと長芋と茄子と長ねぎのピリ辛甘みそ焼き
ほうれん草とエリンギのおみそ汁

塩さばのピリ辛甘みその濃厚なおかずにはシンプルなおみそ汁で。おかずにないきのこやほうれん草をおみそ汁の具材でバランスよく

さばのタンパク質と野菜のビタミンでバランスよく

塩さばと長芋と茄子と長ねぎの ピリ辛甘みそ焼き `筋力UP` `スタミナ`

◎ 作り方

1. 塩さばを酒に10分ほど浸してキッチンペーパーでふき取り、ひと口大にカットして片栗粉をまぶし、フライパンに油を大さじ1/2ほど入れて熱したら、皮面から焼きます。さらに3分ほど焼いてひっくり返し3分ほど焼きます。
2. 炒め油でスライスしたにんにくを熱し、香りが立ったら3.5cmの長さにぶつ切りにした長ねぎとひと口大にカットした茄子を入れ、少し焼き色がつくように返しながら炒めます。
3. ピリ辛甘みそだれの調味料を混ぜ合わせて入れ1分ほど煮詰めます。
4. 1cmの厚さで半月切りにした長芋を入れてからめたら1のさばを戻し入れて全体をからめ、完成です。

> 骨取りの塩さば、長芋、長ねぎ、茄子のピリ辛の甘みそ焼きでごはんが進みます。塩さばなので甘みのあるみそ味がちょうどいい

◎ 材料

塩さば (骨とり済) …2尾
酒…大さじ2
　(さばの臭みとり用)
長芋…6cm
茄子…1本
長ねぎ…1本
にんにく…1かけ
片栗粉…約大さじ2
お好みの炒め油…適宜
ピリ辛甘みそだれ
　酒…大さじ2
　みりん…大さじ2
　はちみつ…大さじ2
　みそ…大さじ1
　豆板醤…小さじ1
　おろし生姜…大さじ1

ほうれん草のカルシウム吸収をエリンギが助ける

ほうれん草とエリンギの おみそ汁 `ダイエット` `免疫力UP`

◎ 作り方

1. 鍋に水とだしパック、エリンギを軸の部分は輪切りに、頭の部分は縦に4等分に手で割いて入れて5分ほど煮ます。
2. カットしたほうれん草を入れ、みそを溶き入れて完成です。

> エリンギの軸を輪切りにするとクニュっとしたやわらかい食感、うま味も出やすく、かわいい見た目にもなりおすすめ

◎ 材料

ほうれん草 (下ゆで済み)
　…3株
エリンギ…2本
だしパック…1袋
みそ…大さじ2
水…500ml

> 美肌にうれしいビタミン豊富なブロッコリー

ブロッコリーと玉ねぎの豆乳ポタージュ

`免疫力UP` `血液サラサラ`

◎ 作り方

1. 玉ねぎ、にんにく、ブロッコリーの芯をざく切りにして、水を入れて煮ます。
2. 沸騰して2分ほどで小房に分けたブロッコリーの花蕾を入れて鶏ガラ顆粒だしを入れて3〜4分煮ます。
3. 具材がやわらかく煮えたら火を止めて、みそを溶き入れます。
4. 粗熱が取れたらブレンダーやミキサーにかけて、ポタージュ状にします。
5. 豆乳を入れて混ぜて冷製なら冷やして、温めるなら沸騰しないように気を付けて火を止めて完成です。お好みでバケット、ブロッコリースプラウト、オリーブオイルをトッピングしても。

> ブロッコリーを丸ごと豆乳でみそポタージュに。冷製でも温めても。パンにぴったりの一杯です

◎ 材料

ブロッコリー…1個
玉ねぎ…1/2個
にんにく…1かけ
鶏ガラ顆粒だし…小さじ1
豆乳…200〜300ml
お好みで
ブロッコリースプラウトや
オリーブオイル、バゲットなど
みそ…大さじ2
水…300〜400ml

> 三つ葉のビタミンA・Cが新陳代謝を活発に

じゃがいもと玉ねぎと三つ葉のおみそ汁

`美肌`

◎ 作り方

1. 鍋に水とだしパック、半月切りのじゃがいも、厚めにスライスした玉ねぎを入れて、5〜6分煮ます。
2. じゃがいもがやわらかくなったら、カットした三つ葉を入れ、みそを溶き入れて完成です。

> 人気のじゃがいもと玉ねぎの組み合わせにもう1つプラスするなら何がいい?ここではさわやかな風味の三つ葉を加えてみました

◎ 材料

じゃがいも…1個
玉ねぎ…1/2個
三つ葉…適宜
だしパック…1袋
みそ…大さじ2
水…600ml

体内で合成できない脂肪酸をアマニ油で

なめことお豆腐と大根おろしアマニ油のおみそ汁

ダイエット

◎ 作り方

1. 鍋に水、だしパックを入れ、沸騰したら4〜5分煮てなめこを入れ、2〜3分煮たらカットした豆腐を入れます。
2. みそを溶き入れます。
3. 盛り付けたら大根おろしをのせて、アマニ油をかけて完成です。

定番のなめことお豆腐のおみそ汁に大根おろしをのせて、アマニ油をたら〜りかけると透明な水玉がキラキラになる一杯

◎ 材料

なめこ…1袋
絹ごし豆腐…200g
大根おろし…約50g
アマニ油…適宜
だしパック…1袋
みそ…大さじ2
水…600ml

具だくさん＋酒粕で栄養満点おみそ汁

酒粕と三種きのこのシュクメルリ風おみそ汁

美肌

◎ 作り方

1. 厚めにスライスしたにんにくとオリーブオイルで鶏肉を炒め、半月切りのじゃがいも、スライスした玉ねぎ、カットしたマッシュルーム・えのき茸、しめじを入れて、米粉をまぶして炒めます。
2. 水と鶏ガラ顆粒だしを入れて、酒粕を溶き、ふたをして少し火を弱めて10〜15分煮ます。
3. じゃがいもがやわらかくなったら、牛乳を入れて、みそを溶き入れます。
4. 沸騰前に火を止め、盛り付けたらお好みでイタリアンパセリなどをのせて完成です。

ジョージア料理の『シュクメルリ』はたっぷりのにんにくと牛乳で煮込む鶏料理。酒粕とおみそでバターなしでもコクが出す

◎ 材料

鶏もも肉…180g
玉ねぎ…1/2個
じゃがいも…1個
にんにく…2かけ
マッシュルーム…2個
しめじ・えのき茸…各1/3株
米粉（または小麦粉）…大さじ1
酒粕…約30g
牛乳…100〜200ml
鶏ガラ顆粒だし…大さじ1
オリーブオイル…大さじ1
お好みでイタリアンパセリ
みそ…大さじ2
水…400ml

2章 おいしく食べてキレイに！ ラクやせおみそ汁

> タンパク質・食物繊維・ミネラルいっぱいの一杯

鮭缶と根菜と酒粕のおみそ汁

`腸活` `冷え性改善`

◎ 作り方

1. 鍋に水といちょう切りの大根・人参、しめじ、斜め切りのごぼう、ちぎったこんにゃくを入れて沸騰したら酒粕を溶き入れ、10〜15分煮ます。
2. 大根や人参がやわらかくなったら鮭缶を汁ごと入れて、みそを溶き入れます。
3. 盛り付けたら、お好みで刻んだ長ねぎなどをのせて完成です。

根菜たっぷりで酒粕を入れて煮込んだほっこりぽかぽかな一杯。鮭缶は具にもだしにも

◎ 材料

大根・人参…各4cm
しめじ…1/2株
こんにゃく…1/2枚
ごぼう…5cm
酒粕…50g
鮭缶…1缶(90g)
お好みで長ねぎなど
みそ…大さじ2
水…800〜900ml

> 食物繊維の王様、ごぼうを美味しく

ごぼうといんげんとささみのおみそ汁

`腸活` `ダイエット`

◎ 作り方

1. ささみを耐熱容器に入れ、酒をかけてラップをして電子レンジ(600W)で2分加熱し、手で触れるくらいに冷めたら手で割きながら筋を取ります。
2. 鍋に水とだしパックとささがきごぼうを入れて5分ほど煮ます。
3. カットしたいんげんと1のささみを酒ごと入れて、2分ほど煮ます。
4. みそを溶き入れて完成です。

ささみのレンチン酒蒸しを酒ごとおみそ汁に入れてコクがアップ。ごぼうといんげんは食べ応えがありながらヘルシー

◎ 材料

鶏ささみ…2本
さやいんげん…3本
ごぼう…5cm
酒…大さじ2
だしパック…1袋
みそ…大さじ2
水…600ml

> 低脂肪・低カロリーの鶏むね肉であっさりと

しらたきともやしの罪なきみそラーメン風おみそ汁

`ダイエット`

◎ 作り方

1. 鶏ひき肉とスライスした生姜をお好みの炒め油で炒めます。
2. あく抜きをして食べやすい長さにカットしたしらたきと酒を入れて炒め、もやしと水を入れて沸騰したらアクを取りながら3分ほど煮ます。
3. 鶏ガラ顆粒だしを入れ、みそを溶き入れます。
4. 盛り付けたら、お好みで小ねぎ、ごま、黒こしょうなどをかけて完成です。

カロリーオフの味噌ラーメン風の一杯。しらたきともやしが麺代わりになり満足感があります

◎ 材料

鶏むねひき肉…200g
しらたき・もやし…各1/2袋
酒…大さじ1
生姜…1かけ
鶏ガラ顆粒だし…大さじ1
お好みの炒め油…大さじ1
お好みで小ねぎ、ごま、粗びき黒こしょう
みそ…大さじ2
水…500ml

> 95%が水分の冬瓜は低カロリーでカリウム豊富

冬瓜とほうれん草となめこのおみそ汁

`ダイエット` `免疫力UP`

◎ 作り方

1. 鍋に水、だしパックと皮をむいてカットした冬瓜を入れて5分ほど煮ます。
2. なめこを入れて2分ほど煮たらカットしたほうれん草を入れてみそを溶き入れます。
3. 盛り付けたら、刻んだみょうがをのせて完成です。

なめこのとろみとやわらかく煮えた冬瓜がよく合います。ほうれん草とみょうがの風味と色合いがキレイな一杯

◎ 材料

なめこ…1袋
ほうれん草（下ゆで済み）…2株
冬瓜…約120g
みょうが…適宜
だしパック…1袋
みそ…大さじ2
水…600ml

> 人参は野菜の中でもβカロテンが豊富

ごぼうと人参と油揚げのおみそ汁

`ダイエット` `美肌`

◎ 作り方

1. 鍋に水とだしパック、半月切りの人参、ささがきごぼうを入れて5分ほど煮ます。
2. カットした油揚げを入れて2分ほど煮たら、みそを溶き入れて完成です。

> ささがきごぼうと人参と油揚げをよく噛んで満足感を。「よく噛むダイエット」になるかも

◎ 材料

人参…3cm
ごぼう…5cm
油揚げ…1枚
だしパック…1袋
みそ…大さじ2
水…600ml

> アミノ酸・ビタミン・ミネラルがたっぷり

鶏ひき肉と水煮大豆根菜のチリコンカン風おみそ汁

`冷え性改善` `疲労回復`

◎ 作り方

1. ひき肉をオリーブオイルで炒め、さいの目に細かくカットしたさつまいも・ごぼう・人参・玉ねぎを加えて炒めます。カレー粉、七味唐辛子を入れて混ぜながら炒め、ひと口大にカットしたトマトを入れて混ぜます。
2. 水煮大豆と水を入れて沸騰したら鶏ガラ顆粒だしを入れ、10分ほど煮ます。
3. 具材が煮えたら、みそを溶き入れます。
4. 盛り付けたら、お好みでカッテージチーズと黒こしょうをかけて完成です。

> ピリ辛のみそチリコンカンはごはんにのせてもOK！カッテージチーズを混ぜるとまろやかになって、味変できます

◎ 材料

鶏むねひき肉…100g
水煮大豆…1袋（120g）
トマト（中）…3個
玉ねぎ…1/2個
さつまいも、ごぼう、人参
…各4cm
七味唐辛子…小さじ2
カレー粉…小さじ1
鶏ガラ顆粒だし…小さじ1
オリーブオイル…大さじ1
お好みでカッテージチーズ、
粗びき黒こしょうなど
みそ…大さじ2
水…700ml

2章 おいしく食べてキレイに！ ラクやせおみそ汁

ビタミンDに変化する成分を多く含む

大根としめじとわかめのおみそ汁　美肌　ダイエット

◎ 作り方

1. 鍋に頭とはらわたを取った煮干しと水を入れて15分ほどおきます。
2. 大根をせん切りにして、しめじと一緒に1に入れ、火にかけて5分ほど煮ます。
3. 大根がやわらかくなったら乾燥わかめを入れ、1～2分煮てみそを溶き入れて完成です。

せん切り大根には煮干しだしがよく合います。わかめとしめじもプラスしてオーソドックスな懐かしい味わいの一杯

◎ 材料

大根…4cm
乾燥わかめ…大さじ1（約3g）
しめじ…1/2株
煮干し…4～5尾
みそ…大さじ2
水…600ml

トマトのリコピンが活性酸素を除去

フルーツトマトと舞茸のおかか豚汁　疲労回復

◎ 作り方

1. 鍋に水、舞茸と豚肉を広げて入れて火にかけ、沸騰したらアクを取り、5分煮ます。
2. くし切りにカットしたトマトを1に入れて1分煮たら、みそを溶き入れます。
3. 盛り付けたら、お好みで削り節をのせて完成です。

フルーツトマトと舞茸、かつお節と豚肉すべてのうま味が相乗効果。濃厚な米こうじの赤みそでコクと深みがアップ

◎ 材料

豚肉こま切れ…120g
フルーツトマト（小）…2～3個
舞茸…1/2パック
削り節…2g
みそ…大さじ2
水…600ml

> 3種の野菜でビタミンA・B群・Cがとれる

キャベツと人参と玉ねぎのおみそ汁

`ダイエット` `疲労回復`

◎ 作り方

1. 鍋に水とだしパック、細めの短冊切りにした人参、スライスした玉ねぎを入れ、5分ほど煮ます。
2. カットしたキャベツを入れて2分ほど煮たら、みそを溶き入れて完成です。

野菜不足を感じたらやっぱりおみそ汁で。身近にあるストック野菜で使いやすい組み合わせの一杯

◎ 材料

キャベツ…2枚
玉ねぎ…1/2個
人参…4cm
だしパック…1袋
みそ…大さじ2
水…600ml

> 豆乳で植物性タンパク質を補える

とうもろこしと玉ねぎとブロッコリーの豆乳おみそ汁

`腸活`

◎ 作り方

1. 鍋に水、小房に分けたブロッコリー、カットした玉ねぎを入れて5分ほど煮ます。
2. とうもろこしは芯からそいでカットし、鶏ガラ顆粒だしを1に入れて水分が少なめになるくらいまで5分ほど煮ます。
3. 豆乳を入れ、みそを溶き入れて沸騰前に火を止めて完成です。

ブロッコリーのゆで汁ごとおみそ汁に。クタクタにやわらかく煮た食べやすいスープ系の一杯です

◎ 材料

ブロッコリー…1/2個
玉ねぎ…1/2個
とうもろこし（ゆでたもの）
…1/2本
鶏ガラ顆粒だし…小さじ1
豆乳…200〜300ml
みそ…大さじ2
水…300〜400ml

> 2章 おいしく食べてキレイに！ ラクやせおみそ汁

> 鉄分たっぷりほうれん草が貧血を予防

ほうれん草と新玉ねぎのおみそ汁 ダイエット 美肌

◎ 作り方

1. 鍋に水、だしパックを入れ、沸騰したら4〜5分煮て、スライスした玉ねぎを入れて2分ほど煮ます。
2. カットしたほうれん草を入れて、みそを溶き入れて完成です。

> 新玉ねぎは辛味が少なめであっさりとほうれん草に合わせてシンプルだけど甘みのある一杯に

◎ 材料

ほうれん草（下ゆで済み）…2株
玉ねぎ…1/2個
だしパック…1袋
みそ…大さじ2
水…600ml

> くるみの不飽和脂肪酸で生活習慣病予防を

レタスとくるみのおみそ汁
美肌 ダイエット

◎ 作り方

1. 鍋に水とだしパックを入れて沸騰したら4〜5分煮て、カットしたレタスを入れ、みそを溶き入れます。
2. 盛り付けたら、砕いたくるみをのせて完成です。

> レタスと砕いたくるみの組み合わせは、食感のオモシロさと風味が新感覚

◎ 材料

レタス…3枚
くるみ…適宜
だしパック…1袋
みそ…大さじ2
水…500ml

お豆腐みそグラタン
白菜と小松菜とわかめのおみそ汁

お豆腐で作るヘルシーグラタン。チーズのコクもあるので、さっぱりお野菜をモリモリ食べられるおみそ汁に

2章 おいしく食べてキレイに！ ラクやせおみそ汁

ヘルシーなのに栄養豊富な食材がたくさん

お豆腐みそグラタン

`美肌` `ダイエット`

◎ 作り方

1. 鶏肉の皮をむきひと口大にカットしてオリーブオイルで炒め、スライスした玉ねぎ、しめじを炒めます。
2. じゃがいもはいちょう切りにして耐熱容器でラップをかけ600W2分レンジにかけて1に入れ小麦粉を混ぜからめながら炒め、水を加えて鶏ガラ顆粒だしを混ぜ、水分が少なくなるまで炒めます。
3. 豆腐とみそを泡立て器で混ぜてクリーム状になったら2に入れて、全体を混ぜてからめながらとろみが出るように加熱します。
4. 耐熱容器に入れてほうれん草を散らし入れ、ナチュラルチーズ・粉チーズをかけてトースターで8〜10分ほど焼き、チーズに焼き色がついたら完成です。

牛乳も生クリームも使わないでお豆腐で作るヘルシーみそグラタンです。みそとお豆腐でチーズみたいなコクが出ます

◎ 材料（1人分）

鶏むね肉…80g
玉ねぎ…1/4個
しめじ…1/4株
ほうれん草（下ゆでカット済み）
…適宜
じゃがいも…1/2個
絹ごし豆腐…150〜200g
小麦粉…大さじ1
水…50〜80ml
鶏ガラ顆粒だし…小さじ1
みそ…小さじ1.5〜2
ナチュラルチーズ（加熱用）、
粉チーズ…適宜
オリーブオイル…大さじ1

白菜・小松菜のカリウム・ビタミンCが風邪を予防

白菜と小松菜とわかめのおみそ汁

`免疫力UP` `ダイエット`

◎ 作り方

1. 鍋に水、だしパックとカットした白菜の白い芯の部分を入れ、沸騰したら4〜5分煮て、カットした小松菜、乾燥わかめ、カットした白菜の葉を入れ2分煮ます。
2. みそを溶き入れて完成です。

白菜と小松菜がたっぷりとれる一杯。しっかりした味付けのおかずなどにもよく合うおだやかでやさしい組み合わせ

◎ 材料

白菜…2枚
小松菜…1株
乾燥わかめ
…大さじ1（約3g）
だしパック…1袋
みそ…大さじ2
水…600ml

大根は主食・ごはんの消化を促す

大根のつまとえのき茸とわかめのおみそ汁 　腸活

◎ 作り方
1. 鍋に水とだしパック、大根、カットしたえのき茸を入れて5分ほど煮ます。
2. 乾燥わかめを入れて2分煮たら、みそを溶き入れて完成です。

スライサーでせん切りにした大根は、少しジャキジャキした食感があって食べ応えもアップ。おすすめ具材です

◎ 材料
大根（スライサーでせん切り）…約100g
えのき茸…1/2株
乾燥わかめ…大さじ1（約3g）
だしパック…1袋
みそ…大さじ2
水…600ml

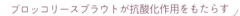
ブロッコリースプラウトが抗酸化作用をもたらす

ツナ缶とレタスとブロッコリースプラウトのおみそ汁 　免疫力UP

◎ 作り方
1. 鍋に水、だしパックを入れて沸騰したら4～5分煮て、ちぎったレタスを入れ、みそを溶き入れます。
2. 盛り付けたら、ツナ缶とブロッコリースプラウトをのせて完成です。

ブロッコリースプラウトとツナ缶とレタスでサラダみたいな組み合わせ。包丁もまな板も使わないでできる時短の一杯です

◎ 材料
レタス…2枚
ブロッコリースプラウト…適宜
ツナ缶…1缶（70g）
だしパック…1袋
みそ…大さじ2
水…500ml

2章 おいしく食べてキレイに！ ラクやせおみそ汁

カリフラワーのビタミンCには抗ストレス効果も

カリフラワーと甘酒のみそポタージュ アマニ油とクコの実のせ

`ダイエット` `冷え性改善`

◎ 作り方

1. カリフラワーを小房にカットして耐熱容器に入れて電子レンジ（600W）で4分ほど加熱します。
2. 鍋に水、鶏ガラ顆粒だしと1を入れて2～3分煮て、やわらかくなったら火を止めて粗熱を取ります。
3. 甘酒を入れてみそを溶き入れ、ブレンダーやミキサーでポタージュ状態にします。
4. 再び温めて盛り付けたら、お好みでクコの実、黒こしょう、アマニ油などをのせて完成です。

カリフラワーをレンジで加熱して時短に。甘酒を混ぜて、やさしい甘みのみそポタージュ

◎ 材料

カリフラワー…1個
鶏ガラ顆粒だし…大さじ1
甘酒…約200ml
お好みでクコの実、粗びき黒こしょう、アマニ油
みそ…大さじ2
水…200～300ml

豊富な鉄分とカルシウムを含むはまぐりで骨強化

はまぐりと長ねぎのおみそ汁

`疲労回復` `冷え性改善`

◎ 作り方

1. 鍋に水とはまぐりを入れて、火にかけます。
2. はまぐりの口が開いたら、みそを溶き入れます。
3. 盛り付けたら、刻んだ長ねぎをのせて完成です。

小さめのはまぐりでも濃厚なうま味が出てきます

◎ 材料

はまぐり…約200g
長ねぎ…適宜
みそ…大さじ2
水…400～500ml

> 高タンパク・低カロリーなえびはダイエットに最適

南蛮えびのおみそ汁

`ダイエット` `冷え性改善`

◎ 作り方

1. えびの頭を軽く水洗いして鍋に入れ、水から煮ます。
2. 酒を入れてアクを取りながら4〜5分煮てみそを溶き入れます。
3. 盛り付けたら、小ねぎをのせて完成です。

> 新潟では甘えびを南蛮えびと呼びます。お刺身で身の部分を食した後は、取り除いた頭を使って濃厚なえびだしのおみそ汁に

◎ 材料

南蛮えび（頭）…12尾
酒…大さじ1
小ねぎ…適宜
みそ…大さじ2
水…500ml

> ホタテのビタミンB_2で代謝をアップ

ホタテとちぢみほうれん草の豆乳おみそ汁

`冷え性改善` `疲労回復`

◎ 作り方

1. 鍋に水、スライスしたにんにく・玉ねぎ、半月切りの人参、しめじを入れて5〜6分煮ます。
2. 人参がやわらかくなったら鶏ガラ顆粒だしを入れ、ホタテとカットしたちぢみほうれん草を入れて、1〜2分煮たら、みそを溶き入れます。
3. 豆乳を入れ、沸騰前に火を止めて完成です。

> 冬限定のちぢみほうれん草とベビーホタテを、具だくさんの豆乳スープ系おみそ汁に仕上げました

◎ 材料

ベビーホタテ（生食サラダ用）…6〜8個
ちぢみほうれん草…2枚
玉ねぎ…1/2個
しめじ…1/2株
人参…3cm
にんにく…1かけ
鶏ガラ顆粒だし…大さじ1
豆乳…200ml
みそ…大さじ2
水…400ml

> 海藻はミネラルもうま味も豊富

とろろ昆布としらすともずくのおみそ汁 腸活 ダイエット

◎ 作り方

1. 鍋に水、だしパックを入れて、沸騰したら4〜5分煮てもずくを入れ、みそを溶き入れます。
2. 盛り付けて、とろろ昆布としらすをのせて完成です。

> とろろ昆布、しらす、もずく、かつお節と海の美味しさ大集合の一杯。とろろ昆布のほのかな酸味ともずくのとろみがぴったりです

◎ 材料

とろろ昆布…5g
しらす…5g
もずく…100g
だしパック…1袋
みそ…大さじ2
水…500ml

> もち麦入りごはんで食物繊維もとれる

お野菜たっぷりもち麦のみそ雑炊 腸活 ダイエット

◎ 作り方

1. 鍋に水、だしパック、細めの短冊切りの人参、カットしたえのき茸・白菜の白い芯の部分を入れて5分ほど煮ます。
2. もち麦入りごはんを入れて、カットした小松菜・キャベツ・白菜の葉の部分を加え、ごはんがやわらかくなるまで3〜4分煮ます。
3. みそを溶き入れて完成です。ごはんがお好みのやわらかさになるまで蒸らします。

> お野菜たっぷりのみそ雑炊。もち麦入りのごはんをやわらかく煮た雑炊が胃腸にもやさしい一杯

◎ 材料

白菜…1枚
人参…4cm
キャベツ…1枚
えのき茸…1/3株
小松菜…2株
もち麦入りごはん…約160g
だしパック…1袋
みそ…大さじ2
水…600ml

食欲のないときにも食べられる

もずくとみょうがの おみそ汁 腸活 ダイエット

◎ 作り方
1. 鍋に水とだしパックを入れ、沸騰したら4〜5分煮て、もずくを入れてみそを溶き入れます。
2. 盛り付けたら、みょうがをのせて完成です。

もずくのとろみにシャキシャキ食感のみょうががマッチしたあっさりさっぱりの一杯

◎ 材料
もずく…100g
みょうが…適宜
だしパック…1袋
みそ…大さじ2
水…500ml

食物繊維が多く含まれるオートミールで便秘予防

あおさとおかかの オートミールみそ雑炊 腸活

◎ 作り方
1. 鍋に水とオートミールを入れて火にかけます。
2. 沸騰して2〜3分でとろみが出てくるので、お好みのかたさになったら削り節を入れて、みそを溶き入れます。
3. あおさは水でサッと戻して水を切り、2に入れて混ぜます。
4. 盛り付けたら、削り節をお好みでのせて完成です。

オートミールのみそ雑炊はマスキングで相性バツグン。あおさとおかかで風味がアップ。ヘルシー朝ごはんにおすすめ

◎ 材料
オートミール…80g
削り節…2g＋お好みで後のせ用適宜
乾燥あおさ…3〜5g
みそ…大さじ2
水…500ml

大豆のイソフラボンで女性ホルモンをバランスよく

お豆腐と油揚げと長ねぎのおみそ汁 美肌 冷え性改善

◎ 作り方

1. 鍋に水とだしパックを入れ、沸騰したら3〜4分煮て、カットした油揚げを入れて2分ほど煮ます。
2. カットした豆腐と長ねぎを入れ、みそを溶き入れて完成です。

お豆腐と油揚げと長ねぎの定番のおみそ汁がやっぱり落ち着きます

◎ 材料

絹ごし豆腐…200g
油揚げ…1枚
長ねぎ…1/3本
だしパック…1袋
みそ…大さじ2
水…500ml

骨を食べてカルシウムをたっぷりと

鮭中骨水煮缶と白菜と大根おろしのおみそ汁
美肌 冷え性改善

◎ 作り方

1. 鍋に水とカットした白菜の白い芯の部分を入れて3〜4分煮ます。
2. 大根おろしはトッピング分を軽く絞って取りおき、汁は1の鍋に入れます。
3. カットした白菜の葉の部分を入れ、鮭中骨水煮缶を汁ごと入れます。
4. みそを溶き入れて盛り付けたら、取りおいた大根おろしをのせて完成です。

鮭の中骨をやわらかく煮た便利な缶詰。さば缶より色がキレイに仕上がります。脂身が濃厚なので大根おろしと一緒にさっぱりと

◎ 材料

鮭中骨水煮缶
…1缶（180g、固形110g）
白菜…2〜3枚
大根おろし…80g
みそ…大さじ2
水…500ml

> リンゴ酢のクエン酸が疲労回復に役立つ

リンゴ酢納豆とレタスの おみそ汁　ダイエット　疲労回復

◎ 作り方
1. 鍋に水とだしパックを入れ、沸騰したら4〜5分煮て、カットしたレタスを入れ、みそを溶き入れます。
2. 盛り付けたら、リンゴ酢を混ぜた納豆をのせて完成です。

> 納豆にリンゴ酢を少し入れて混ぜるとモクモクの納豆の糸ができます。目に見える発酵パワー体験みたい

◎ 材料
レタス…2枚
納豆…1パック
リンゴ酢…小さじ1
だしパック…1袋
みそ…大さじ2
水…500ml

> 大豆のカルシウムと椎茸のビタミンDで骨を強化

お豆腐 長ねぎ 油揚げ 椎茸の おみそ汁　腸活　美肌

◎ 作り方
1. 鍋に水とだしパック、スライスした椎茸を入れ、5分ほど煮ます。
2. カットした油揚げと斜め切りの長ねぎを入れて2分ほど煮たら、カットした豆腐を入れます。
3. みそを溶き入れて完成です。

> かつおと昆布だしに椎茸をプラスしてうま味も食べ応えもアップ。定番具材の組み合わせで具だくさんの一杯

◎ 材料
絹ごし豆腐…200g
油揚げ…1枚
長ねぎ…1/3本
椎茸（小）…2個
だしパック…1袋
みそ…大さじ2
水…600ml

ピーナッツをプラスして、ミネラル豊富な汁物に

ブロッコリーの花蕾と茎と葉 粉末ピーナッツのおみそ汁

`免疫力UP`

◎ 作り方

1. 鍋に水とだしパック、外側のかたい部分を取り除いてカットしたブロッコリーの芯を入れて、3分ほど煮ます。
2. 小房に分けたブロッコリーの花蕾とカットした葉を入れて、3分ほど煮ます。
3. みそを溶き入れて、盛り付けたら粉末ピーナッツをかけて完成です。

◎ 材料

ブロッコリー…1/2個（花蕾、茎、葉）
粉末ピーナッツ…適宜
だしパック…1袋
みそ…大さじ2
水…600ml

> ブロッコリーの茎も葉っぱもおだしで煮て、ゆで汁ごとおみそ汁に。粉末ピーナッツでコクと風味がアップします

オーツミルクで、カルシウムや食物繊維がたっぷり

オーツミルクととうもろこしの冷製おみそ汁

`ダイエット` `美肌`

◎ 作り方

1. 器に冷たいオーツミルクを1/3ほど入れてみそを溶かし、残りのオーツミルクを入れて混ぜます。
2. 芯から削いだとうもろこしを1に入れ、お好みで黒こしょうをかけて完成です。

◎ 材料（1人分）

オーツミルク…200ml
とうもろこし（ゆでたもの）…適宜
お好みで粗びき黒こしょう
みそ…大さじ1

> 冷たいオーツミルクにおみそを溶かし、とうもろこしをのせただけの簡単な冷製おみそ汁。アーモンドミルクや豆乳でもできます

> しめじとわかめは栄養素を補完し合う組み合わせ

わかめとしめじと焼き麩のおみそ汁 `ダイエット` `美肌`

◎ 作り方
1. 鍋に水、だしパック、しめじを入れて5分ほど煮ます。
2. わかめを入れて2分ほど煮たら、みそを溶き入れ、焼き麩を入れて混ぜ、完成です。

> 焼き麩はおみそを溶き入れてから入れれば、おいしいおつゆがじゅわ〜っと染み込んでふんわりやわらかに

◎ 材料
しめじ…1/2株
焼き麩…10〜12個
乾燥わかめ
…大さじ1（約3g）
だしパック…1袋
みそ…大さじ2
水…600ml

> 乾物は体内の老廃物除去をサポート

干し椎茸と切り干し大根と油揚げのおみそ汁 `腸活`

◎ 作り方
1. 干し椎茸を加熱容器に入れ、150mlの水を入れて電子レンジ（600W）で2分加熱して戻します。
2. 鍋にだしパック、カットした干し椎茸と戻し汁と水を合わせて600〜650mlを入れます。
3. 切り干し大根はサッと表面を洗い、食べやすい長さになるようカットして、2の鍋に入れて煮ます。
4. 沸騰したら少し火を弱め、5〜6分煮て、カットした油揚げを入れて3分くらい煮たら、みそを溶き入れて完成です。

> 切り干し大根は甘みとうま味が濃厚でおみそ汁の具材にぴったり。干し椎茸はレンジで戻して時短に

◎ 材料
切り干し大根…8〜10g
干し椎茸（スライス）…5〜7g
油揚げ…1枚
だしパック…1袋
みそ…大さじ2
水…600〜650ml
（干し椎茸の戻し汁含む）

2章 おいしく食べてキレイに！ ラクやせおみそ汁

MCTオイルが体脂肪を燃やす助けをする

ブロッコリーとささみ MCTオイルおみそ汁

`ダイエット`

◎ 作り方

1. 鍋に水とだしパックを入れて4〜5分煮たら、そぎ切りにしたささみを入れ、いったん火を止めて3分ほど余熱で火を入れます。
2. 再び沸騰させてブロッコリーを入れ、3分ほど煮たらみそを溶き入れます。
3. 盛り付けたら、MCTオイルを1杯につき小さじ1くらいかけて完成です。

鶏ささみとブロッコリーで、アスリートに好まれる食材のおみそ汁。さらにMCTオイルをかけてダイエット系の一杯

◎ 材料

鶏ささみ…2本
ブロッコリー…8房くらい
MCTオイル…適宜
だしパック…1袋
みそ…大さじ2
水…600ml

植物性乳酸菌で腸内環境を整えるザワークラフト

ザワークラウトとわかめのおみそ汁

`腸活` `美肌`

◎ 作り方

1. 鍋に水とだしパックを入れて3〜4分煮たら、乾燥わかめを入れ、2分ほど煮て、みそを溶き入れます。
2. 盛り付けたら、ザワークラウトをのせて完成です。

キャベツとお塩だけで漬けて発酵させた酸味のあるザワークラウト。わかめのおみそ汁にのせると、さっぱりなのにうま味が濃厚

◎ 材料

ザワークラウト…60g
乾燥わかめ…大さじ1（約3g）
だしパック…1袋
みそ…大さじ2
水…500ml

鶏もも肉でタンパク質たっぷり、食べ応えも

鶏肉とかぶのおみそ汁

`冷え性改善` `免疫力UP`

◎ 作り方

1. 鍋に水とだしパック、くし切りにしたかぶを入れて2〜3分煮ます。
2. ひと口大にカットした鶏肉に片栗粉をまぶして1に入れ、少し火を弱めて4〜5分煮ます。
3. かぶの葉を入れて2分ほど煮て、鶏肉に火が通ったら、みそを溶き入れて完成です。

片栗粉をまぶして煮た鶏肉がぷるんとやわらかく、小かぶにぴったり。おつゆにもとろみがついておかずにもなる一杯

◎ 材料

小かぶ…2個（葉付き）
鶏もも肉…180g
片栗粉…大さじ2
だしパック…1袋
みそ…大さじ2
水…600ml

桜えびでうま味やミネラルをプラス

レタスとお豆腐と桜えびのおみそ汁 `ダイエット` `腸活`

◎ 作り方

1. 少なめの炒め油で桜えびをから炒りするように火にかけ、えびの香ばしい香りが立ったら、水とだしパックを入れて4〜5分煮ます。
2. 豆腐をスプーンですくって入れて、レタスをちぎって入れます。
3. みそを溶き入れて完成です。

豆腐はスプーンですくい、レタスはちぎるだけ。まな板包丁いらずで手軽な桜えびの風味がおいしい一杯

◎ 材料

絹ごし豆腐…100g
桜えび（素干し）…大さじ2
お好みの炒め油…小さじ1
レタス…2枚
だしパック…1袋
みそ…大さじ2
水…500ml

2章 おいしく食べてキレイに！ ラクやせおみそ汁

ごぼうと玉ねぎと舞茸のトマトジュース豚汁 美肌

トマトジュースの酸味が胃の粘膜の炎症を抑える

◎ 作り方

1. お好みの炒め油でささがきごぼうを炒め、さらにスライスした玉ねぎ、舞茸、豚肉を炒め、水を入れ、沸騰したらアクを取りながら5分ほど煮ます。
2. カットした小松菜、鶏ガラ顆粒だし、削り節を入れて2分ほど煮たら、トマトジュースを入れ、沸いたらみそを溶け入れて完成です。
3. すっきりした味わいに仕上がりますが、少し甘みのあるほうがよい場合は、はちみつを入れて調整してください。

トマトジュースには、長期熟成の濃厚な赤みそがよく合います

◎ 材料

豚肉こま切れ…150g
ごぼう…5cm
玉ねぎ…1/2個
舞茸…1/2パック
小松菜…2株
トマトジュース…200ml
お好みの炒め油…大さじ1
鶏ガラ顆粒だし…小さじ2
削り節…2g
お好みではちみつ（トマトの酸味が強い場合）…適宜
みそ…大さじ2
水…400ml

もずくと玉ねぎと小松菜のおみそ汁 免疫力UP 美肌

もずくのフコイダンには胃腸を強くする力がある

◎ 作り方

1. 鍋に水、だしパック、スライスした玉ねぎを入れて、5分ほど煮ます。
2. もずく、細かくカットした小松菜を入れて1分煮たら、みそを溶け入れて完成です。

もずくに細かく切った野菜をからめて食べやすい一杯。小松菜は後から入れるので、シャキシャキ

◎ 材料

もずく…60g
小松菜…2株
玉ねぎ…1/2個
だしパック…1袋
みそ…大さじ2
水…500ml

糖質、タンパク質、脂質の三大栄養素がとれる

さつまいも入り
拍子木切り野菜の豚汁

腸活　ダイエット

◎ 作り方

1. 小松菜以外の野菜を拍子木切りにして鍋に入れ、水を入れて、豚肉を広げてのせて火にかけます。
2. 沸騰したらアクを取り、少し火を弱めて人参などがやわらかくなるまで10〜15分ほど煮ます。湯量が少なくなってきたら、水を加えて調整しながら煮てください。
3. カットした小松菜を入れて2分ほど煮たら、みそを溶き入れて完成です。

さつまいもの甘みを味わいながら、切り方をそろえて食べやすく、野菜もたっぷりとれます

◎ 材料

豚肉こま切れ…180g
さつまいも…1/2本
大根・人参…各4cm
エリンギ…2本
小松菜…2株
みそ…大さじ2
水…800〜900ml

カロテンを多く含むキャベツをたっぷりと

キャベツとしめじと玉ねぎの
おみそ汁

美肌　疲労回復

◎ 作り方

1. 鍋に水とだしパック、しめじ、スライスした玉ねぎを入れて、5分ほど煮ます。
2. カットしたキャベツを入れて2分ほど煮たら、みそを溶き入れて完成です。

キャベツと玉ねぎがたっぷりとれるシンプルなおみそ汁

◎ 材料

キャベツ…2枚
玉ねぎ…1/2個
しめじ…1/2株
だしパック…1袋
みそ…大さじ2
水…600ml

2章 おいしく食べてキレイに！ラクやせおみそ汁

カロテン、ビタミンC、ミネラル類をバランスよく

とろろ昆布と水菜のおみそ汁

`ダイエット` `免疫力UP`

◎ 作り方

1. 鍋に水とだしパックを入れて沸騰したら4〜5分煮て、みそを溶き入れます。
2. お椀に盛ったら、とろろ昆布とカットした水菜をのせて完成です。

お椀に盛ってから具材をのせるだけの簡単おみそ汁

◎ 材料

とろろ昆布…お好みの量
水菜…適宜
だしパック…1袋
みそ…大さじ2
水…500ml

大根葉にはカロテン、カルシウムも

大根と大根の葉とふのりのおみそ汁

`ダイエット` `冷え性改善`

◎ 作り方

1. 鍋に水とせん切りにした大根を入れて、2〜3分煮ます。
2. 乾燥ふのりをサッと洗い、鍋に入れて3分ほど煮ます。削り節とカットした大根の葉を加え1分ほど煮たら、みそを溶き入れて完成です。

大根のせん切りは薄い輪切りにしてからカットすることで、やわらかい口当たりに。ふのりの色合いと磯の風味が絶品

◎ 材料

大根…5〜6cm
大根の葉…適宜
乾燥ふのり…4〜5g
削り節…2g
みそ…大さじ2
水…500ml

ブロッコリーとトマトと
たまごのみそマヨ炒め
なめことオクラと
長芋のおみそ汁

トマトとブロッコリーと卵でサラダ風
なみそマヨ炒めに、ネバネバ食材のお
みそ汁で意外と満腹感がアップ

2章 おいしく食べてキレイに！ ラクやせおみそ汁

彩り野菜はβカロテン・ビタミン類がたっぷり

ブロッコリーとトマトとたまごのみそマヨ炒め

疲労回復　美肌

◎ 作り方

1. ブロッコリーは小房に分けて耐熱容器に入れ、ラップをして電子レンジ（600W）で2分加熱します。
2. トマトはくし切りにカットします。
3. 卵を溶いて鶏ガラ顆粒だしを入れてフライパンにオリーブオイルを入れて焼き、半熟の状態で取り出します。
4. フライパンにマヨネーズとみそを入れて混ぜ、火をつけて1のブロッコリーを入れて、混ぜながら炒めて2のトマトを入れ、からめながらサッと炒めます。
5. 3の卵を戻し入れ、全体をからめて完成です。

ふんわり卵とレンチンのブロッコリーとトマトの酸味がみそマヨをからめるとぴったり。トマトはサッとからめるくらいでOK

◎ 材料

ブロッコリー…1/2株
トマト（中）…2個（約200g）
卵…3個
鶏ガラ顆粒だし…小さじ1
マヨネーズ…大さじ2
みそ…小さじ1
オリーブオイル…大さじ1

食物繊維がコレステロールを低下させる

なめことオクラと長芋のおみそ汁

ダイエット　腸活

◎ 作り方

1. 鍋に水、だしパックを入れて、沸騰したら4〜5分煮てなめこを入れ、再び沸いたら、カットしたオクラを入れて1〜2分煮ます。
2. さいの目切りにカットした長芋を入れ、みそを溶き入れて完成です。

長芋、オクラ、なめこのネバネバ三銃士が勢ぞろい。とろみがあって満腹感がアップします

◎ 材料

なめこ…1袋
長芋…4cm
オクラ…4本
だしパック…1袋
みそ…大さじ2
水…600ml

> 食物繊維たっぷりで美容に効果大

さつまいもと三種きのこと油揚げのおみそ汁

`腸活` `美肌`

◎ 作り方

1. 鍋に水とだしパック、カットした椎茸・えのき茸、しめじと半月切りのさつまいもを入れて、10分ほど煮ます。
2. カットした油揚げを入れて2分ほど煮て、さつまいもがやわらかくなったらみそを溶き入れます。
3. 盛り付けて、お好みで小ねぎをのせて完成です。

> ポクポク甘いさつまいもと三種きのこのうま味たっぷりの一杯

さつまいも…1/3本
油揚げ…1枚
椎茸…1個
えのき茸…1/3株
しめじ…1/2株
お好みで小ねぎ
だしパック…1袋
みそ…大さじ2
水…800〜900ml

> こんにゃくのグルコマンナンが腸の掃除をする

生芋こんにゃくと昆布と椎茸のもも肉豚汁

`腸活` `ダイエット`

◎ 作り方

1. 鍋に水を入れ、ひと口大にカットしただし昆布を30分ほど浸しておきます。
2. カットした豚肉、スライスして軸の部分は1cmの輪切りにした椎茸を1の鍋に入れて火にかけ、沸騰したらアクを取って、カットしてアク抜きをしたこんにゃくを入れ、10分ほど煮ます。
3. スライスした長ねぎを入れ、1〜2分ほどでみそを溶き入れて完成です。

> 低カロリーでタンパク質もとれるうま味濃厚な豚汁です。だし昆布も具材としていただきます

◎ 材料

生芋こんにゃく（普通のこんにゃくでもOK）…1/2枚
豚もも肉…100g
椎茸…2個
だし昆布…6g
長ねぎ…1/4本
みそ…大さじ2
水…700〜800ml

> 淡泊で食べやすい鶏むね肉は良質なタンパク質

カリフラワーと鶏むね肉と アーモンドのおみそ汁

`ダイエット` `疲労回復`

◎ 作り方

1. カリフラワーは小房に分け、鶏肉はひと口大のそぎ切りにします。
2. 鍋に水、だしパックと1を入れ、沸騰したらアクを取って少し火を弱めて5分ほど煮ます。
3. 鶏肉に火が通ったら、あればカリフラワーの葉を入れて、1分ほど煮たらみそを溶き入れます。盛り付けたら、砕いたアーモンドをのせて完成です。

鶏肉はお好みで皮を取り除いて使ってください。砕いたアーモンドを後のせで香ばしい風味と食感が意外とアクセントに

◎ 材料

鶏むね肉…150g
カリフラワー…1/4個（あれば葉も）
素焼きアーモンド…適宜
だしパック…1袋
みそ…大さじ2
水…600ml

> アクが少ない小松菜は下処理不要で使いやすい

木綿豆腐とわかめと 小松菜のおみそ汁

`美肌` `ダイエット`

◎ 作り方

1. 鍋に水とだしパックを入れて沸騰したら3〜4分煮て、カットした小松菜とわかめを入れて2分ほど煮ます。
2. 最後にカットしたお豆腐を入れ、みそを溶き入れて完成です。

いつもの何気ない組み合わせで、心がほっとします

◎ 材料

木綿豆腐…200g
小松菜…2株
乾燥わかめ…大さじ1（約3g）
だしパック…1袋
みそ…大さじ2
水…500ml

> 茄子の豊富な食物繊維が消化を助ける

レンチンふかし茄子とみょうがとからしのおみそ汁

`腸活`

◎ 作り方

1. 丸茄子の皮をむいて耐熱容器に入れ、ラップをして電子レンジ（600W）で約4〜5分加熱します。粗熱が取れたら冷蔵庫で冷やします。
2. 鍋に水とだしパックを入れ、沸騰したら4〜5分煮て、みそを溶き入れます。
3. 器に1のふかし茄子をカットして入れておき、2のおみそ汁をかけるように盛り、お好みでみょうがとからしをのせて完成です。

新潟県長岡地域の夏の郷土料理『ふかしなす』は冷やしてからし醤油でいただきますが、レンジで簡単に温かいおみそ汁に

◎ 材料

丸茄子…2個（1人1個）
みょうが・からし…適宜
だしパック…1袋
みそ…大さじ2
水…500ml

> 玉ねぎにはビフィズス菌を増やすオリゴ糖が

ほうれん草と玉ねぎとキャベツのおみそ汁

`血液サラサラ` `ダイエット`

◎ 作り方

1. 鍋に水、だしパック、スライスした玉ねぎを入れて5分ほど煮ます。
2. カットしたキャベツとほうれん草を入れて2分ほど煮たら、みそを溶き入れて完成です。

玉ねぎをいつもの倍量使って、モリモリお野菜をとれる一杯

◎ 材料

玉ねぎ…1個
キャベツ…2枚
ほうれん草（下ゆで済み）
…3株
だしパック…1袋
みそ…大さじ2
水…600ml

2章 おいしく食べてキレイに！ ラクやせおみそ汁

里芋は芋類の中でも低カロリーで低糖質

大根と里芋と油揚げのおみそ汁

腸活　冷え性改善

◎ 作り方

1. 鍋に水、だしパック、せん切りにした大根、薄めの半月切りにした里芋を入れて、沸騰してからみそを大さじ1ほど溶かし入れて、10分ほど煮ます。
2. カットした油揚げとお好みで煮干しの粉末を入れて2分ほど煮たら、仕上げに残りのみそを溶き入れて完成です。

ねっとりやわらかい里芋とせん切り大根は、冬に美味しくなる具材の組み合わせです

◎ 材料

大根…4cm
里芋…2個
油揚げ…1枚
お好みで粉末の煮干しだし
…小さじ2
だしパック…1袋
みそ…大さじ2
水…700ml

しいたけに含まれるビタミンDは骨の強化に役立つ

小松菜と椎茸とすりごまのおみそ汁

血液サラサラ　美肌

◎ 作り方

1. 椎茸を少し厚めにスライスしてごま油で焼き色がつくように炒め、焼き椎茸の香りがしてきたら、カットした小松菜の茎の部分をサッと炒め、水とだしパックを入れて5分ほど煮ます。
2. カットした小松菜の葉を入れて1分ほど煮たら、みそを溶き入れます。盛り付けたら、お好みですりごまをかけて完成です。

椎茸をごま油でこんがり焼き色がつくように炒めてから煮て、風味とコクがアップ。ひと手間で一気にごちそうおみそ汁に

◎ 材料

椎茸…2個
小松菜…2株
すりごま…適宜
ごま油…大さじ1
だしパック…1袋
みそ…大さじ2
水…600ml

さば缶はミネラルもうま味もたっぷり

さばの水煮缶と玉ねぎ 梅干しのせおみそ汁 `ダイエット`

◎ 作り方

1. 鍋に水とスライスした玉ねぎを入れ、2〜3分ほど煮ます。
2. 斜め切りの長ねぎと軽くほぐしたさば缶を汁ごと入れ、みそを溶き入れます。
3. 盛り付けたら、梅干しをのせて完成です。

さばの水煮缶を汁ごと入れて簡単で美味しい一杯に。梅干しをのせてさっぱりと

◎ 材料

さば水煮缶…200g
玉ねぎ…1/2個
長ねぎ…1/2本
お好みで梅干し
みそ…大さじ2
水…500ml

パワーリーフは不足しがちなミネラルが豊富

パワーリーフと木綿豆腐 MCTオイルおみそ汁 `美肌`

◎ 作り方

1. お鍋に水とだしパックを入れて沸騰して3〜4分煮たら、カットしたパワーリーフを入れます。1分ほど煮たら、カットした豆腐を入れます。
2. みそを溶き入れて盛り付けたら、MCTオイルを回しかけて完成です。

パワーリーフ（おかわかめ）は、つる性の野菜で、サッと煮るとネバネバして栄養素も豊富

◎ 材料

パワーリーフ…5〜6枚
木綿豆腐…200g
MCTオイル…小さじ1
だしパック…1袋
みそ…大さじ2
水…500ml

あんこうの皮やヒレからコラーゲンを

あんこう鍋風おみそ汁

`冷え性改善` `美肌`

◎ 作り方

1. あんこうの下処理は流水で身の血合いなどを流し、沸騰した鍋に入れて身が白くなったらざるにあげ、流水でサッと流します。
2. あん肝の下処理は流水で表面の血合いを流し、酒50ml、水50ml、塩小さじ1（各分量外）を溶かしたものに30分ほど浸して水を切っておきます。
3. 鍋に水とだしパック、いちょう切りの大根・人参、スライスした椎茸、白菜の芯の部分を入れて5分ほど煮ます。
4. あんこうの身を3に入れ、カットした白菜の葉・春菊、斜め切りの長ねぎを入れます。
5. 別の焦げ付かない加工のフライパンなどでつぶしたあん肝を入れ、みそを大さじ1、酒、おろし生姜を混ぜながら火にかけて沸かし、4に混ぜ、約5分ほど煮ます。仕上げに残りのみそを溶き入れて完成です。

あんこうの季節にぜひ食べたい、あん肝も入れた濃厚おみそ汁

◎ 材料

あんこう…約300g
あん肝…適宜
大根・人参…各3cm
椎茸…1個
白菜…1枚
長ねぎ…1/2本
春菊…2株
生姜…1かけ
酒…大さじ2
だしパック…1袋
みそ…大さじ2
水…700〜800ml

削り節をプラスしてうま味もたっぷり

木綿豆腐とめかぶと梅干しのラクまぜ時短おみそ汁 `腸活`

◎ 作り方

1. お椀にみそと削り節を入れ、熱湯を少し入れてみそを溶かし、残りの湯を注ぎます。
2. 豆腐を入れ、めかぶと梅干しをのせて完成です。

お椀に削り節とおみそを入れ、熱湯で溶かすだけ。具なしでも十分美味しいですが、今回はお豆腐、めかぶと梅干しをのせて

◎ 材料（1杯分）

豆腐…1/2パック
めかぶ…適宜
お好みで梅干し…1個
削り節…1g（小パックの半分）
みそ…大さじ2/3〜1
熱湯…160〜180ml

> あおさは豆腐などの淡泊な食材と相性抜群

あおさとえのき茸と
ペラペラ豆腐のおみそ汁

`ダイエット`

◎ 作り方

1. 鍋に水とだしパック、カットしたえのき茸を入れて5分ほど煮ます。
2. 絹ごし豆腐は2mmの薄さにカットして1に入れ、みそを溶き入れます。
3. 水でサッと戻したあおさの水を切ってお椀に入れ、2のおみそ汁を注いで完成です。

香りのよいあおさとえのき茸のうま味がよく合います。豆腐を2mmのペラペラに薄くカットして入れると、舌ざわりなめらかに

◎ 材料

絹ごし豆腐…200g
えのき茸…1/2株
あおさ…約4g
だしパック…1袋
みそ…大さじ2
水…500ml

> 大豆ミートは植物性食品でヘルシー

大豆ミートとニラの
麻婆豆腐風おみそ汁　`ダイエット`

◎ 作り方

1. ごま油とみじん切りの生姜で大豆ミートを炒め、豆板醤も入れて炒め、酒を入れてアルコールを飛ばしてから水を入れて煮ます。
2. カットした木綿豆腐、鶏ガラ顆粒だし、カットしたニラを入れて2〜3分煮ます。
3. みそを溶き入れて盛り付けたらお好みでせん切りの生姜をのせて完成です。

大豆ミートで作る麻婆豆腐みたいなおみそ汁。しっかりしたおかずになる一杯です

◎ 材料

大豆ミート（ひき肉タイプ）
…120g
木綿豆腐…200g
ニラ…3本
生姜…1かけ
ごま油…大さじ1
鶏ガラ顆粒だし…小さじ2
酒…大さじ2
豆板醤…小さじ2
みそ…大さじ2
水…500ml

> 昆布のアルギン酸がナトリウムの排出を促す

キャベツの芯と白しめじと切り昆布のおみそ汁　腸活

◎ 作り方

1. 鍋に水とだしパック、白しめじ、適当な長さにカットした切り昆布、薄めにカットしたキャベツの芯を入れて5分ほど煮ます。
2. みそを溶き入れて完成です。

キャベツの芯の部分をおみそ汁に。切り昆布のうま味もからめて、地味ながら美味しい一杯

◎ 材料

切り昆布…80g
白しめじ…1/2株
キャベツの芯部分…適宜
だしパック…1袋
みそ…大さじ2
水…500〜600ml

> サラダチキンはタンパク質補給におすすめ

サラダチキンとわかめのおみそ汁　ダイエット　筋力UP

◎ 作り方

1. サラダチキンを手で割いておきます。
2. 鍋に水を入れて沸騰したら、乾燥わかめと1を入れます。
3. 鶏ガラ顆粒だしといりごまを入れ、みそを溶き入れて完成です。

サラダチキンは皮もなくてヘルシーでダイエットの味方。手軽にできるわかめスープのようなおみそ汁です

◎ 材料

サラダチキン…1袋
乾燥わかめ…約5g
鶏ガラ顆粒だし…小さじ1
いりごま…大さじ1
みそ…大さじ2
水…500ml

炊飯器塩麹カオマンガイ
アスパラとレタスのおみそ汁

炊飯器で作る鶏肉の炊き込みごはんには、サラダみたいなアスパラとレタスで簡単でさっぱりしたおみそ汁がぴったり

低カロリー高タンパクでおいしくダイエット

炊飯器塩麹カオマンガイ

`ダイエット` `筋力UP`

◎ 作り方

1. 鶏肉は皮を取り、フォークで数か所刺して穴を開けておきます。
2. 米をといでみじん切りにんにくとAの調味料を入れ、2合の水量を入れて鶏肉をのせ、その上に塩麹をかけて全体を混ぜて通常通りに炊きます。あれば早炊き機能でもOK。
3. みじん切りにした長ねぎと、たれの調味料を混ぜます。
4. 米が炊き上がったら鶏肉を取り出して、食べやすい大きさにカットします。ごはんを盛って鶏肉をのせて、たれをかけて完成です。

炊飯器で作るカオマンガイ。長ねぎと酢みそのたれがさっぱりした一品

◎ 材料(2人分)

鶏むね肉…1枚
米…2合
にんにく…1かけ
塩麹…大さじ2
ごはん…2人分

A
生姜(みじん切り)…大さじ1
鶏ガラ顆粒だし…大さじ1
酒…大さじ1
醤油…大さじ1

たれ
おろし生姜…大さじ1
長ねぎ…1/3本
みそ…大さじ1
酢…大さじ1/2
はちみつ…小さじ1
ごま油…大さじ1

2章 おいしく食べてキレイに！ ラクやせおみそ汁

アスパラはアミノ酸のアスパラギン酸を含みます

アスパラとレタスのおみそ汁

`ダイエット` `美肌`

◎ 作り方

1. 鍋に水とだしパックを入れて沸騰したら3〜4分煮て、斜め切りにしたアスパラを入れて1〜2分ほど煮ます。
2. 手でちぎったレタスを入れ、みそを溶け入れて完成です。

アスパラをゆでる時間が省けて、ゆで汁もおみそ汁に使えます

◎ 材料

レタス…3枚
アスパラガス…4本
だしパック…1袋
みそ…大さじ2
水…500ml

> セロリとのりのうま味と風味で味わいがアップ

大豆もやしとセロリと韓国海苔のおみそ汁

`ダイエット` `腸活`

◎ 作り方

1. 鍋に水とだしパックを入れて沸騰したら、大豆もやし、カットしたセロリを入れて3〜4分煮ます。
2. あればセロリの葉も入れて、みそを溶き入れます。
3. 盛り付け、韓国海苔をちぎってのせて、完成です。

> 韓国海苔がほのかなごま油の風味をプラス。大豆もやしとセロリのおみそ汁であっさりヘルシーな一杯

◎ 材料

大豆もやし…1/3袋
セロリ…1/3本（あれば葉も）
韓国海苔…お好みの量
だしパック…1袋
みそ…大さじ2
水…500ml

> 淡泊なえび×コク深のごまペースト相性抜群

えびとえのき茸と水菜のごま豆乳鍋風おみそ汁

`美肌` `ダイエット`

◎ 作り方

1. えびは殻をむいて背ワタを取り、片栗粉大さじ2と水大さじ3（各分量外）で混ぜて、表面の汚れを取って水で洗い流します。
2. 鍋に水とだしパック、カットしたえのき茸を入れて3〜4分煮ます。
3. 練りごまペースト、すりごま、鶏ガラ顆粒だし、みりんを混ぜて2に溶き入れます。
4. 沸いたらえびを入れて2〜3分煮て豆乳を入れ、カットした水菜を入れます。
5. みそを溶き入れて、沸騰前に火を止めて完成です。

> 練りごまペーストと豆乳とみそで、ごま豆乳鍋風おみそ汁。手間をかけずに簡易ごちそうおみそ汁

◎ 材料

えび（殻付きバナメイえび）
…6尾
えのき茸…1/2株
水菜…1株
練りごまペースト…大さじ2
すりごま…大さじ2
みりん…大さじ1
鶏ガラ顆粒だし…大さじ1
豆乳…約250〜300ml
だしパック…1袋
みそ…大さじ2
水…300ml

寒天は低カロリーで満腹感を得られる

レタスとわかめと糸寒天のおみそ汁　腸活　美肌

◎ 作り方

1. 鍋に水とだしパックを入れ、沸騰したら4～5分煮て、乾燥わかめを入れ、ちぎったレタスを入れて、みそを溶き入れます。
2. 盛り付けたら、糸寒天をのせて完成です。

包丁まな板いらずの簡単な一杯。糸寒天は簡単に食物繊維の取れるお助けアイテム

◎ 材料

レタス…2枚
乾燥わかめ…大さじ1（約3g）
糸寒天…適宜
だしパック…1袋
みそ…大さじ2
水…500ml

さやごと食べるからキレイ成分もたくさんとれる

長芋とスナップエンドウとわかめのおみそ汁　ダイエット

◎ 作り方

1. 鍋に水、だしパックを入れて沸騰したら3～4分煮て、乾燥わかめを入れて、2分煮たら、皮をむき、拍子木切りにした長芋を入れます。
2. みそを溶き入れて盛り付けたら、スナップエンドウをのせて完成です。

スナップエンドウのさやを半分に割いてお豆を可愛くのせ、見た目にも楽しめる一杯

◎ 材料

長芋…4cm
乾燥わかめ…大さじ1（約3g）
スナップエンドウ（下ゆで済み）…適宜
だしパック…1袋
みそ…大さじ2
水…500ml

> 干し野菜は生野菜よりうま味も栄養も凝縮

おかひじきと切り干し大根としらすのおみそ汁

`免疫力UP` `腸活`

◎ 作り方

1. 切り干し大根は水でサッと洗って絞り、食べやすくカットします。
2. 鍋に水とだしパック、1の切り干し大根を入れて5分煮ます。
3. しらすの半量と、カットしたおかひじきを入れ、1〜2分ほど煮てみそを溶き入れます。
4. 盛り付けたら、仕上げに残り半量のしらすをのせて完成です。

> おかひじきと切り干し大根がからみ合う食感としらすのうま味が融合し、本当においしい一杯

◎ 材料

切り干し大根…15g
おかひじき…50g
しらす…15g
だしパック…1袋
みそ…大さじ2
水…600ml

> トマトの酸味は胃の調子を整える効果あり

ミニトマト 玉ねぎ わかめ 油揚げのおみそ汁

`免疫力UP`

◎ 作り方

1. 鍋に水とだしパック、スライスした玉ねぎを入れて4〜5分ほど煮ます。
2. カットした油揚げと乾燥わかめを入れ、2分ほど煮ます。
3. 半分にカットしたミニトマトを入れて1分ほど煮て、みそを溶き入れて完成です。

> 定番のわかめと玉ねぎと油揚げのおみそ汁にミニトマトを入れました。おみそは大豆のうま味の濃厚な赤みそがぴったりです

◎ 材料

玉ねぎ…1/2個
油揚げ…1枚
乾燥わかめ…大さじ1（約3g）
ミニトマト…6〜7個
だしパック…1袋
みそ…大さじ2
水…500ml

> 芽キャベツはビタミンCがキャベツの4倍

芽キャベツと桜えびと白ごま油のおみそ汁

`免疫力UP` `疲労回復`

◎ 作り方

1. 半分にカットした芽キャベツの断面を白ごま油で軽く焼き色がつくように焼き、フライパンの空きスペースで桜えびをから炒りします。えびの香りが立ったら、水を入れて4〜5分煮ます。
2. 芽キャベツがやわらかく煮えたら、みそを溶き入れて完成です。

> やわらかい芽キャベツの甘み、桜えびの濃厚なえびだし、白ごま油の軽やかなコクのすべてが調和した一杯

◎ 材料

芽キャベツ…5〜6個
桜えび（素干し）…大さじ2
白ごま油…大さじ1
みそ…大さじ2
水…500ml

> 酒粕は血圧上昇を抑え、冷え防止効果も

里芋と人参としめじと酒粕のおみそ汁

`腸活` `冷え性改善`

◎ 作り方

1. 鍋に水とだしパック、半月切りの里芋・人参、しめじを入れ、沸騰したら少し火を弱めます。酒粕を溶き入れてふたをして、7〜8分煮ます。
2. カットした油揚げを入れて2分ほど煮て、人参や里芋がやわらかくなったらみそを溶き入れます。
3. 盛り付けたら、お好みで小ねぎをのせて完成です。

> 新潟の地元酒蔵さんの酒粕で作った粕汁。米こうじたっぷりの甘みのある白みそを使ってほっこりやさしい一杯に

◎ 材料

里芋…2個
人参…4cm
しめじ…1/2株
油揚げ…1枚
酒粕…50g
お好みで小ねぎなど
だしパック…1袋
みそ…大さじ2
水…800ml

コラム2 管理栄養士が教える「おみそ汁」のすごさ

おみそ汁は「ご自愛」を考えるのにもっとも適した料理の1つ

私たちにとっておみそ汁はあまりにも身近すぎて、ほかの料理に比べると具材の取り合わせもワンパターンになりがちです。しかし、私たち管理栄養士から見れば、それはとてももったいないことなのです。慣れた料理だからこそ、自分や一緒に食べる家族の体や心に寄り添ったものとしてハンドリングしていってほしいと考えます。つまり、「ご自愛」を考えるのにもっとも適した料理の1つといえます。

おみそ汁の3大メリット

1つ目は、水分補給になることです。毎年のように猛暑となる昨今では、ニュースでもしきりに「水分補給を、塩分補給を」とくり返されます。無意識でも毎日どこかでメニューに加えているおみそ汁は、水分補給、塩分補給には絶好の食べ物といえるでしょう。

人によっては生活習慣病予防、あるいは治療のために塩分を控えていたり、制限していたりする場合もあると思います。それでも、おみそ汁なら、だしをしっかりととることや具だくさんにすることで、塩分量の調節も可能です。

そして2つ目のメリットは、風味を楽しめることです。料理に慣れていない人、自分であまり得意ではないと思っている人でも、簡単に風味のバリエーションを出すことができます。かつお、昆布、いりこなどのいわゆる「だし」から出るうま味、具材そのものから出るうま味、それらがマリアージュして生まれるうま味など、実は無限大です。

さらに3つ目のメリットとしては、献立を考えるときの核にしやすいことです。主食、メインの料理を用意する場合、おみそ汁にはメイン料理で使わなかった食材を入れることでそのときの食事の栄養バランスが整います。反対に、具だくさんのおみそ汁をおかずとしてメイン料理にすることもできます。豚汁、油揚げなどでタンパク質が、里芋からは糖質、大根、ごぼう、人参、長ネギなどの野菜からはビタミンやミネラル、こんにゃくからも食物繊維がとれ、そこに酒粕を加えればさらに別の栄養素も追加される、といった具合です。おみそ汁をメイン料理にするときには、副菜として、メインに入らなかった具材を組み合わせて和え物などを作れば、これでまた栄養バランスの整った食事ができ上がります。

気になること、課題のために今日の1杯を

この本では、そんなおみそ汁が秘めている栄養学的なパワーを存分に利用して、あなたやご家族の「ご自愛」のためにバリエーション豊かなおみそ汁をたくさん紹介しています。

元気がほしいとき、つかれてしまったとき、ダイエットをしたいとき、美肌をつくりたいとき、病気に負けない力をつけたいときなど、目先で気になることを解決したいときも、少し長い目で見て取り組みたい課題があるときでも、この本で紹介した240種のおみそ汁から今日の1杯を選んでみてください。

3章

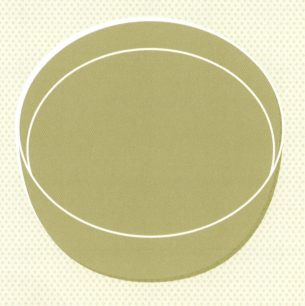

免疫力アップ！ご自愛おみそ汁

3章では、免疫力をあげてくれたり、からだの調子を整えてくれる、やさしい食材を使ったおみそ汁を80椀紹介。つかれたこころとからだをやさしくいたわってくれるレシピが豊富です。

> 鶏ひき肉は低脂肪で消化の良い食材

鶏つくねとキャベツと
アスパラのおみそ汁

`ダイエット` `免疫力UP`

◎ 作り方

1. 鍋に水を入れて火にかけ、鶏つくねの材料をボウルに入れて混ぜながらよく練り、スプーンを両手に1本ずつ持って丸めながら沸騰した鍋に入れます。
2. つくねが浮かんだら、カットしたキャベツを入れ、再び沸騰したら鶏ガラ顆粒だしを入れます。
3. 斜め切りにしたアスパラを入れて、サッとゆでるように1～2分煮ます。
4. みそを溶き入れて完成です。

食べ応えのある鶏つくねとアスパラ、キャベツの甘みをたっぷり味わえる一杯

◎ 材料

鶏つくねの材料
- 鶏むねひき肉…100g
- おろし生姜…大さじ1
- 塩麹…大さじ1
- 粗びき黒こしょう…少々
- 片栗粉…大さじ2～3

おみそ汁
- キャベツ…2枚
- アスパラガス…4～5本
- 鶏ガラ顆粒だし…大さじ1
- みそ…大さじ2
- 水…600ml

> ゴーヤのビタミンCは加熱をしても壊れにくい

ゴーヤと玉ねぎと油揚げの
おみそ汁 `免疫力UP` `美肌`

◎ 作り方

1. 鍋に水、だしパックを入れ、沸騰したらカットしたゴーヤを入れて4～5分煮ます。
2. カットした油揚げを入れて1分煮て、スライスした玉ねぎを入れてさらに1分煮ます。
3. みそを溶き入れて完成です。

ゴーヤのほろ苦さと玉ねぎの甘みを油揚げがまろやかにまとめます。玉ねぎは後からサッと煮て、シャキっと仕上げに

◎ 材料

- ゴーヤ…1/3本
- 油揚げ…1枚
- 玉ねぎ…1/2個
- だしパック…1袋
- みそ…大さじ2
- 水…600ml

3章 免疫力アップ！ご自愛おみそ汁

小松菜でカロテン・ビタミンCを

長芋と小松菜と長ねぎのおみそ汁

疲労回復 腸活

◎ 作り方

1. 鍋に水とだしパックを入れ、沸騰したら4〜5分煮て、カットした小松菜と斜め切りの長ねぎを入れて2分ほど煮ます。
2. 拍子木切りにした長芋を入れ、みそを溶き入れて完成です。

小松菜のグリーンが鮮やか。長芋は拍子木切りにして最後にサッと煮て、食感のよい一杯

◎ 材料

小松菜…2株
長ねぎ…1/3本
長芋…4cm
だしパック…1袋
みそ…大さじ2
水…600ml

豚肉・牛乳・野菜・きのこで栄養満点

ミルク豚汁

免疫力UP 疲労回復

◎ 作り方

1. 鍋に水と少し厚めにスライスした玉ねぎ、半月切りの人参、カットしたえのき茸を入れます。
2. 豚肉を広げながらのせて火にかけます。
3. 沸騰したらアクを取り、少し火を弱めて5〜6分煮ます。
4. 人参がやわらかくなったら鶏ガラ顆粒だしを入れ、みそを溶き入れます。
5. 味をみながら牛乳を入れて沸騰しないように温め、火を止めて盛り付けたらお好みで彩りにゆでたブロッコリーをのせて完成です。

おみそを入れることでコクやうま味もアップ。シチューよりもさっぱりしたおいしさのミルク豚汁です

◎ 材料

玉ねぎ…1/2個
人参…3cm
えのき茸…1/2株
豚肉こま切れ…100g
ブロッコリー（下ゆで済み）…適宜
牛乳…150〜200ml
鶏ガラ顆粒だし…大さじ1
みそ…大さじ2
水…500ml

> 噛み応えがあり、早食い防止でのダイエット効果も

いろいろお芋の具だくさんおみそ汁 免疫力UP 腸活

◎ 作り方

1. 鍋に水といちょう切りの大根と人参、半月切りのさつまいも、里芋、ちぎったこんにゃく、斜め切りのごぼう、カットした豚肉を入れて火にかけます。
2. 沸騰したらアクを取り、酒を入れてみそを大さじ1くらい溶き入れて少し火を弱めます。さつまいもなどがやわらかくなるまで10分ほど煮込みます。
3. 斜め切りの長ねぎを入れて2〜3分煮て、いちょう切りにした長芋を入れます。
4. 仕上げに残りのみそを溶き入れて完成です。

◎ 材料

里芋…1個
こんにゃく…1/3枚
ごぼう…5cm
さつまいも・長芋・大根・人参…各4cmくらい
豚肉薄切り…120g
長ねぎ…1/3本
酒…大さじ2
みそ…大さじ2〜2.5
水…800〜900ml

> いろいろなお芋の具だくさんな、食物繊維を食べるおかず豚汁です。味わいも食感もバラエティ豊かに楽しめる一杯

> 大和芋の消化酵素は加熱し過ぎずにとろう

大和芋と桜えびと三つ葉のおみそ汁 免疫力UP 腸活

◎ 作り方

1. 鍋に水とだしパックを入れて、沸騰したら4〜5分煮ます。
2. 大和芋の皮をむいてすりおろし、桜えびを入れて混ぜてスプーンでひと口大にして1に入れます。
3. カットした三つ葉を入れて、みそを溶き入れて完成です。

◎ 材料

大和芋…8cm
桜えび(素干し)…大さじ2
三つ葉…1株
だしパック…1袋
みそ…大さじ2
水…600ml

> 粘度のある大和芋をすりおろして桜えびを混ぜ、ふわとろのしんじょ風に。長芋の場合はつなぎに片栗粉などを入れてみて

> ほうれん草と油揚げでカルシウム豊富なおみそ汁

ほうれん草と油揚げとえのき茸のおみそ汁

`免疫力UP` `美肌`

◎ 作り方

1. 鍋に水、だしパック、カットしたえのき茸を入れて4〜5分煮ます。
2. カットした油揚げを入れて、2分ほど煮ます。
3. カットしたほうれん草を入れ、みそを溶き入れて完成です。

◎ 材料

ほうれん草…2株（下ゆで済み）
油揚げ…1枚
えのき茸…1/2株
だしパック…1袋
みそ…大さじ2
水…600ml

> えのき茸を水から煮てうま味を引き出し、甘みのあるほうれん草と油揚げを加えて調和のとれたおいしさの一杯に

> 牛肉で抵抗力をつけて、スタミナ不足を解消

すき焼き具材のおみそ汁

`免疫力UP` `疲労回復`

◎ 作り方

1. 鍋に水、だしパック、カットした白菜の芯の部分、大きめ斜め切りの長ねぎを入れて4分ほど煮ます。
2. カットした白菜の葉の部分とカットした焼き豆腐を入れ、2分ほど煮たら牛肉を広げながら入れて、脇にカットした春菊を入れます。
3. 牛肉の色が変わり始めたら、みそを溶き入れて完成です。

◎ 材料

長ねぎ…1本
牛肉切り落とし…40g
白菜…1枚
春菊…2株
焼き豆腐…100g
だしパック…1袋
みそ…大さじ2
水…600ml

> 牛肉はほんの少しでも十分すき焼き風。長ねぎの甘みと白菜、春菊でさっぱりしているのにごちそうの一杯

ビビンバ みそコチュジャン
卵白と白菜と生姜のおみそ汁

みそコチュジャンのビビンバに卵黄をのせてまろやかに。白身はおみそ汁に入れて無駄なく活用！

> 低カロリーで良質なタンパク質がとれる

ビビンバ みそコチュジャン

`疲労回復` `美肌`

◎ 作り方

1. せん切りの人参、豆もやし、水50mlを耐熱容器に入れラップをして、電子レンジ（600W）で1分30秒加熱し、軽く混ぜて、ざるにあげて水を切ります。
2. カットしたほうれん草と1の具材を混ぜて、ごま油をかけ、さらに混ぜます。
3. みそコチュジャンの材料を混ぜます。
4. 鶏ひき肉を炒め、みそコチュジャン小さじ2を混ぜてからめます。
5. ごはんを盛り、2と4をのせ、中央に卵黄をのせ、お好みで韓国のり、糸唐辛子などをのせて残りのみそコチュジャンをかけて完成です。

鶏むね肉のひき肉を使ったあっさりビビンバと甘みそコチュジャンがよく合います

◎ 材料（2人分）

ほうれん草（下ゆで済み）…3株
人参…4cm、
豆もやし…1/3袋
鶏むねひき肉…80g
卵黄…2個分
ごはん…2人分
ごま油…小さじ2
お好みの炒め油…適宜
お好みで韓国のり、糸唐辛子
みそコチュジャン
| みそ…小さじ2
| コチュジャン…小さじ2
| はちみつ…小さじ1

> 卵白は低脂肪でタンパク質が豊富

卵白と白菜と生姜の おみそ汁 `免疫力UP` `冷え性改善`

◎ 作り方

1. 鍋に水とカットした白菜の白い部分を入れ、スライスした生姜を入れて火にかけます。
2. 3分ほど煮たら、カットした白菜の葉、鶏ガラ顆粒だし、ごま油を入れて再び沸騰させます。
3. 沸騰したまま溶いた卵白を細く回し入れ、火を止めてみそを溶き入れます。
4. 盛り付けたら、お好みで針生姜をのせて完成です。

卵黄だけを使う料理で残った卵白は、おみそ汁で使えます。淡白な卵白でも生姜やごま油でコクがプラスされたおみそ汁

◎ 材料

白菜…2枚
生姜…1かけ
卵白…2個分
ごま油…小さじ2
鶏ガラ顆粒だし…小さじ2
みそ…大さじ2
水…600ml

> 里芋のねめり成分で肝臓を守る

なめこと里芋と長ねぎのおみそ汁 `腸活` `美肌`

◎ 作り方

1. 鍋に水、だしパックと半月切りにした里芋を入れて沸騰したら、少し火を弱め5分ほど煮て、火を消し2〜3分ほどおきます。
2. 再び火をつけ、なめこと斜め切りの長ねぎを入れて2分ほど煮ます。
3. みそを溶き入れて完成です。

里芋は5分ほど煮たら火を消して、2〜3分おいて余熱で火を通すとやわらかくなります。ねっとり里芋となめこの相性◎

◎ 材料

里芋…2個
なめこ…1袋
長ねぎ…1/3本
だしパック…1袋
みそ…大さじ2
水…600ml

> 生きくらげは水分が多く、食べ応えのある食感

生きくらげと油揚げと長ねぎのおみそ汁 `免疫力UP` `腸活`

◎ 作り方

1. 鍋に水、だしパック、ひと口大にカットしたきくらげを入れて4〜5分煮ます。
2. カットした油揚げと斜め切りの長ねぎを入れて、2分ほど煮ます。
3. みそを溶き入れて完成です。

栄養価の高い生きくらげのコリっとした食感と、定番の油揚げ、長ねぎがちょうどよく調和している一杯

◎ 材料

生きくらげ…30g
油揚げ…1枚
長ねぎ…1/2本
だしパック…1袋
みそ…大さじ2
水…600ml

3章 免疫力アップ！ ご自愛おみそ汁

> マッシュルームはビタミンB群や食物繊維を含む

マッシュルームと玉ねぎのおみそ汁 美肌 免疫力UP

◎ 作り方

1. 鍋に水、だしパック、スライスしたマッシュルームと玉ねぎを入れて、5分ほど煮ます。
2. みそを溶き入れて完成です。

生のままサラダで食べてもおいしいマッシュルームは、うま味だしもたっぷり出て、玉ねぎの甘みともぴったりの相性

◎ 材料

マッシュルーム…4〜5個
玉ねぎ…1/2個
だしパック…1袋
みそ…大さじ2
水…500ml

> 根菜類の食物繊維で腸活に役立つ

たけのこ 椎茸 人参 ごぼうの酒粕豚汁 腸活 美肌

◎ 作り方

1. 鍋に水と半月切りの人参、そぎ切りスライスの椎茸、大きめ乱切りのごぼうを入れ、豚肉を広げながら入れて火にかけ、沸騰したらアクを取ります。
2. 大きめにカットしたたけのこを入れ、酒粕とみその半量を溶かし入れます。少し火を弱めて、10〜15分煮込みます。
3. 材料がやわらかくなったら、仕上げに残りのみそを味をみながら溶き入れて完成です。

酒粕で煮込んだゴロゴロたけのこ、豚肉、根菜たっぷりの食べ応えある一杯。おみそは先に半量を溶かして煮込み、味シミに

◎ 材料

水煮たけのこ…120g
人参…4cm
椎茸…2個
ごぼう…5cm
豚肉こま切れ…100g
酒粕…60〜80g
みそ…大さじ2〜2.5
水…800〜900ml

> まいたけ・キムチは整腸作用の効果大

もやしと舞茸の
キムチチゲ豚汁 `ダイエット` `疲労回復`

◎ 作り方

1. カットした豚肉、割いた舞茸と豆板醤をごま油で炒め、スライスした生姜、もやし、水を入れて煮ます。
2. 沸騰したらアクを取り、キムチと鶏ガラ顆粒だしを入れて3〜4分煮たら、カットしたニラを入れます。
3. みそを溶き入れて完成です。

もやしとキムチでピリ辛のおかず豚汁。舞茸の濃厚なうま味が豆板醤にもよく合います

◎ 材料

豚肉薄切り…120g
舞茸…1/2パック
もやし…1/2袋
ニラ…2本
生姜…1かけ
白菜キムチ…30〜40g
豆板醤…小さじ1
ごま油…大さじ1
鶏ガラ顆粒だし…大さじ1
みそ…大さじ2
水…600ml

> 大根菜はカロテン、ビタミンなど栄養がたっぷり

大根菜と油揚げと椎茸の
おみそ汁 `免疫力UP` `美肌`

◎ 作り方

1. 鍋にごま油を入れ、スライスした椎茸、カットした油揚げ、大根菜を加えて炒め、水とだしパックを入れて4〜5分ほど煮ます。
2. みそを溶き入れたら完成です。

ごま油で椎茸と油揚げと大根菜を炒めてから作るおみそ汁は、『ゆで』と『炒め』と『煮物』を合体させたような一杯

◎ 材料

大根菜…3株
油揚げ…1枚
椎茸…2個
ごま油…大さじ1
だしパック…1袋
みそ…大さじ2
水…600ml

> こんにゃくの水分、食物繊維で肥満防止に効果

こんにゃくと厚揚げのけんちん汁風おみそ汁

`筋力UP` `免疫力UP`

◎ 作り方

1. 鍋に水とだしパック、いちょう切りの大根、半月切りの人参、スライスした椎茸、手でちぎった厚揚げ、スプーンでちぎってアク抜きしたこんにゃくを入れて、10分ほど煮ます。
2. 大根や人参がやわらかくなったら斜め切りの長ねぎを入れ、2分ほど煮たらみそを溶き入れて、完成です。

> 具だくさんのけんちん汁風なおみそ汁。油を使わず煮ることで具材そのものの味わいを堪能

◎ 材料

大根・人参…各4cm
厚揚げ…50g
こんにゃく…1/2枚
椎茸…1個
長ねぎ…1/3本
だしパック…1袋
みそ…大さじ2～2.5
水…800ml

> 春雨は水分を多く含み、腹持ちがよい

スープ春雨風おみそ汁

`ダイエット` `冷え性改善`

◎ 作り方

1. 鍋に水と細めせん切りの人参と細切りの生きくらげを入れて沸騰したら2分ほど煮ます。
2. 春雨は袋表記の通り下ゆでして湯を切っておき、1にほぐしながら入れ1分煮ます。
3. カットしたニラと鶏ガラ顆粒だしを入れて再び沸騰したら、溶き卵を箸に伝わせて細く回し入れます。
4. みそを溶き入れて完成です。盛り付け後、お好みでいりごまやラー油などをトッピングします。

> 細切りにそろえた野菜とふんわり卵、春雨がからみ合い、食べやすい一杯

◎ 材料

ニラ…3本
人参…4cm
生きくらげ…30g
卵…1個
春雨…30g
鶏ガラ顆粒だし…小さじ1
お好みでいりごま、
ラー油など
みそ…大さじ2
水…500ml

> アスパラの穂先には血管を丈夫にする効果が

アスパラとエリンギと厚揚げのおみそ汁

`疲労回復` `腸活`

◎ 作り方

1. 鍋に水とだしパック、カットしたエリンギを入れて4〜5分煮ます。
2. 拍子木切りの厚揚げを入れて2分ほど煮たら、カットしたアスパラを入れてさらに2分ほど煮ます。
3. みそを溶き入れて完成です。

> 頭のフォルムが特徴的なアスパラとエリンギ。厚揚げも細長くカットして、見た目も楽しく

◎ 材料

アスパラガス…4本
エリンギ…2本
厚揚げ…50g
だしパック…1袋
みそ…大さじ2
水…600ml

> 春キャベツは葉がやわらかく、みずみずしい食感

春キャベツと玉ねぎとえのき茸のおみそ汁

`免疫力UP` `血液サラサラ`

◎ 作り方

1. 鍋に水、だしパック、カットしたえのき茸、スライスした玉ねぎを入れて4〜5分煮ます。
2. カットしたキャベツを入れて再び沸騰したら、みそを溶き入れて完成です。

> えのき茸と玉ねぎは水から、キャベツは最後にサッとゆでて彩りよく。やさしい甘みの味わいの淡色系の米みそがぴったり

◎ 材料

春キャベツ…2枚分
玉ねぎ…1/2個
えのき茸…1/2株
だしパック…1袋
みそ…大さじ2
水…500ml

3章 免疫力アップ！ご自愛おみそ汁

とうもろこしは粒の根元部分に栄養が豊富

とうもろこしとキャベツのおみそ汁
`美肌` `腸活`

◎ 作り方
1. 鍋に水、だしパック、繊維に対して直角に1cm幅にカットしたキャベツを入れ、4〜5分煮ます。
2. みそを溶き入れます。
3. 盛り付けたら、芯からバラバラにはずれないようにカットしたとうもろこしをのせて完成です。

シンプルに自然な甘みを堪能できる一杯。あえてキャベツは水から煮て甘みを引き出します。とうもろこしは後のせに

◎ 材料
キャベツ…2枚
とうもろこし（下ゆで済み）
…適宜
だしパック…1袋
みそ…大さじ2
水…500ml

なめこのぬめりの成分が腸内環境を整える

なめこと焼き茄子とみょうがのおみそ汁
`免疫力UP` `腸活`

◎ 作り方
1. 乱切りの茄子を油で焼き色がつくように炒め、水とだしパックを入れて3〜4分煮ます。
2. なめこを入れて3分ほど煮て、みそを溶き入れます。
3. 盛り付け、カットしたみょうがをのせて完成です。

茄子を先に炒めておくと、やわらかくトロトロに、しっかり火が通ります

◎ 材料
茄子…2本
なめこ…1袋
みょうが…1個
お好みの炒め油…大さじ1
だしパック…1袋
みそ…大さじ2
水…600ml

えびとブロッコリーとしらすの塩麹焼うどん
じゃがいもと玉ねぎのミルクみそポタージュ

えびと塩麹の具だくさん焼うどんに、玉ねぎとじゃがいもの甘みを感じられるミルクみそポタージュがぴったり

代謝を促進する働きのある塩麹でうま味もアップ

えびとブロッコリーとしらすの塩麹焼うどん 免疫力UP

◎ 作り方

1. えびの殻をむいて背ワタを取り、片栗粉（分量外）で軽くもみ洗いして水で流し、キッチンペーパーで水分をふき取ります。
2. フライパンに油を入れ、スライスしたにんにくと1、エリンギを入れて酒をからめ炒めます。
3. ブロッコリーと塩麹を加え、黒こしょうをかけます。
4. 袋表記の通りに解凍した冷凍うどんを3に入れ、全体を混ぜながら炒めます。
5. 盛り付けたら、しらすをのせて完成です。

具だくさんで食べ応えがありながら、さっぱり食べられる一皿です

◎ 材料（1人分）

バナメイえび…4尾
ブロッコリー（下ゆで済み）…3〜4房
エリンギ…1本
しらす…15g
冷凍うどん…1袋
にんにく…1かけ
お好みの炒め油…大さじ1
塩麹…小さじ2
酒…大さじ1
粗びき黒こしょう…適宜

じゃがいもでビタミンCを補える

じゃがいもと玉ねぎのミルクみそポタージュ 血液サラサラ

◎ 作り方

1. じゃがいもと玉ねぎをひと口大にカットし、耐熱容器に入れてラップをして、電子レンジ（600W）で3分加熱します。
2. 鍋に水と1を入れて、やわらかくなるまで2〜3分煮ます。
3. 火を止め、粗熱が取れたら牛乳とみそを入れて、ミキサーやブレンダーでポタージュ状にします。
4. 温めて盛り付け、お好みで黒こしょうやパセリなどをのせて完成です。

胃腸にやさしいじゃがいもと玉ねぎのみそポタージュは飲みやすく、どんなお料理にもあわせやすい一杯です

◎ 材料

じゃがいも…2個
玉ねぎ…1/2個
牛乳…100〜200ml
鶏ガラ顆粒だし…大さじ1/2
お好みで粗びき黒こしょう、パセリなど
みそ…大さじ1
水…300ml

> 水菜はカリウムが多く、血圧降下効果も

水菜と玉ねぎと油揚げのおみそ汁　腸活　美肌

◎ 作り方

1. 鍋に水とだしパック、スライスした玉ねぎを入れて4〜5分煮ます。
2. カットした油揚げを入れて2分ほど煮ます。
3. カットした水菜を入れ、再び沸騰したらみそを溶き入れて完成です。

> 余りがちな水菜を大量消費するにはおみそ汁がおすすめ。甘く透き通るような玉ねぎと油揚げで、水菜もモリモリ食べられます

◎ 材料

水菜…1株
玉ねぎ…1/2個
油揚げ…1枚
だしパック…1袋
みそ…大さじ2
水…600ml

> 清涼感がありたっぷりとれる新生姜

大豆もやしとニラと新生姜のおみそ汁　ダイエット　冷え性改善

◎ 作り方

1. 鍋に水とだしパックを入れ、沸騰したら4〜5分煮ます。
2. 大豆もやしとスライスした生姜を入れて、3〜4分煮ます。
3. カットしたニラを入れたら、みそを溶き入れます。
4. 盛り付けたら、お好みで七味唐辛子をかけて完成です。

> 大豆もやしとニラと生姜のベストマッチ。七味唐辛子もアクセントになります

◎ 材料

大豆もやし…1/3袋
ニラ…2本
新生姜…1かけ
お好みで七味唐辛子
だしパック…1袋
みそ…大さじ2
水…600ml

> もずくとほうれん草でカルシウム・鉄分がたっぷり

ほうれん草ともずくと おろし生姜のおみそ汁

`美肌` `冷え性改善`

◎ 作り方

1. 鍋に水とだしパックを入れ、沸騰したら4〜5分煮ます。
2. もずくを入れて再び沸騰したら、カットしたほうれん草を入れてみそを溶き入れます。
3. 盛り付けたら、生姜をのせて完成です。

もずくのとろっとした食感とおろし生姜の風味がさっぱり味わえる一杯

◎ 材料

もずく…100g
ほうれん草（下ゆで済み）…3株
生姜（すりおろし）…適宜
だしパック…1袋
みそ…大さじ2
水…500ml

> 豚肉に少ないカロテンなどが、クレソンで補える

クレソンと新玉ねぎ豚汁

`血液サラサラ` `疲労回復`

◎ 作り方

1. 鍋に水、スライスした玉ねぎ、広げた豚肉を入れて火をつけます。
2. 沸騰したらアクを取り、3〜4分煮ます。
3. 削り節、クレソンを入れ、みそを溶き入れたら完成です。

新鮮なクレソンはやさしいほろ苦さの中にほのかな甘みを感じます。甘い新玉ねぎの豚汁にサッと入れていただきます

◎ 材料

豚肉こま切れ…150g
新玉ねぎ…1/2個
クレソン…適宜
削り節…2g
みそ…大さじ2
水…600ml

> わさび菜はほのかな辛みがありビタミン類が豊富

わさび菜とえのき茸と白ごま油のおみそ汁

`免疫力UP` `美肌`

◎ 作り方

1. 鍋に水とだしパックを入れ、カットしたえのき茸を入れて4〜5分ほど煮ます。
2. カットしたわさび菜を入れて1〜2分ほど煮たら、みそを溶き入れます。
3. 盛り付けたら、お好みで白ごま油をかけて完成です。

> ほんのりピリッとした辛味のさわやかなわさび菜。オイルと一緒にとって吸収力アップ。軽やかな白ごま油を後からたらします

◎ 材料

わさび菜…約50〜60g
えのき茸…1/2株
白ごま油…適宜
だしパック…1袋
みそ…大さじ2
水…600ml

> たんぱく質、ビタミン、ミネラルと栄養が豊富

まごわやさしいおみそ汁

`疲労回復` `血液サラサラ`

◎ 作り方

1. 耐熱容器に干し椎茸と水150mlを入れ、電子レンジ（600W）で2〜3分加熱して戻します。
2. 鍋に1の戻し汁と水、煮干し、サッと洗ってカットした切り干し大根、半月切りのじゃがいも、戻してカットした干し椎茸を入れて火にかけ、5〜6分煮ます。
3. じゃがいもがやわらかくなったら、わかめとカットした油揚げ・木綿豆腐を入れ、2分ほど煮ます。
4. 斜め切りの長ねぎを入れてみそを溶き入れ、盛り付けたらすりごまをかけて完成です。

> 多様なだしやうま味が入っていますが、自然のものはぶつかり合わず絶妙に調和します。濃厚な赤みそがまとめ役に

◎ 材料

ま…木綿豆腐…100g
　　油揚げ…2枚
　　みそ…大さじ2〜2.5
ご…すりごま…適宜
わ…乾燥わかめ…大さじ1
や…切り干し大根…40g
　　長ねぎ…1/3本
さ…煮干し…4尾
し…干し椎茸…2個
い…じゃがいも…1個
水…700〜800ml（干し椎茸の戻し汁150mlを合わせて）

128

3章 免疫力アップ！ご自愛おみそ汁

鮭は抗酸化作用が強く、目や肌によい効果が

塩引鮭と根菜の酒粕おみそ汁

美肌　冷え性改善

◎ 作り方

1. 鍋に水、だしパック、カットした鮭、いちょう切りの大根・人参・れんこん、斜め切りのごぼう、しめじを入れ、煮ます。
2. 沸騰したらアクを取り、酒粕全量とみそ大さじ1を溶き入れて、10～15分煮ます。
3. ちぎったこんにゃく、カットした油揚げと斜め切りの長ねぎを入れて、3分ほど煮ます。
4. 最後に残りのみそを、味の調整をしながら溶き入れて完成です。

塩引（しおびき）鮭は新潟県村上の伝統製法で発酵熟成されたうま味濃厚な鮭。酒粕やみそで食文化をつなぐ伝統の一杯

◎ 材料

塩引鮭…2切れ
大根・人参…各4cm
ごぼう…5cm
れんこん…3cm
こんにゃく…1/2枚
油揚げ…1枚
長ねぎ…1/3本
しめじ…1/2株
酒粕…50g
だしパック…1袋
みそ…大さじ2
水…800～900ml

しじみに含まれる鉄やビタミンB12で貧血予防を

しじみと三つ葉のおみそ汁

美肌　疲労回復

◎ 作り方

1. 鍋に水、しじみと酒を入れて火にかけます。
2. ゆっくりと火を入れ、沸騰したらアクを取ります。
3. しじみの口が開いたらみそを溶き入れて、盛り付けたら三つ葉をのせて完成です。

二日酔いではなくても、五臓六腑にしみわたるこのうま味で身体にパワーが湧いてくる一杯

◎ 材料

しじみ（砂抜き済み）…150g
三つ葉…適宜
酒…大さじ1
みそ…大さじ2
水…400ml

赤パプリカはビタミンCとカロテンが豊富

赤パプリカと玉ねぎとちりめんのおみそ汁

免疫力UP　美肌

◎ 作り方

1. 鍋に水、だしパック、カットした玉ねぎ、ちりめんじゃこの半量を入れて3〜4分煮ます。
2. 赤パプリカは種ごとひと口大にカットして入れ、2〜3分ほど煮ます。
3. みそを溶き入れて盛り付けたら、残り半量のちりめんじゃこをのせて完成です。

赤パプリカとちりめんじゃこのうま味が意外な組み合わせ。玉ねぎの甘みも一緒に

◎ 材料

赤パプリカ…1/2個
玉ねぎ…1/2個
ちりめんじゃこ…20g
だしパック…1袋
みそ…大さじ2
水…500ml

大根の葉は根の部分より栄養価が高い

桜えびとえのき茸と大根菜のおみそ汁

ダイエット　腸活

◎ 作り方

1. カットしたえのき茸と桜えびをごま油で炒め、えびの香りが立ったら、カットした大根菜を入れて炒めます。
2. 水とだしパックを入れ4〜5分煮ます。
3. みそを溶き入れて完成です。

桜えびをごま油で炒めるとえびの香りとうま味がより引き出され、大根菜とよく合います。濃厚な赤みそで深みアップ

◎ 材料

大根菜…2〜3株
えのき茸…1/2株
桜えび（素干し）…大さじ2
ごま油…大さじ1
だしパック…1袋
みそ…大さじ2
水…600ml

3章 免疫力アップ！ご自愛おみそ汁

豆腐と卵の組み合わせで消化の良い雑炊

健診前夜のみそ雑炊

`ダイエット` `冷え性改善`

◎ 作り方

1. 鍋に水、だしパック、せん切り大根、キャベツ、じゃがいもをいつもより小さめにカットして入れて4〜5分ほど煮ます。
2. ごはんを入れて3〜4分煮て、カットした豆腐・ほうれん草を入れ、再び沸騰したら、みそを溶き入れて溶き卵を回し入れ、全体を混ぜ火を止めます。
3. お好みのやわらかさに蒸らして完成です。

健康診断前日の食事に何を食べたらいいか悩んだときは、海藻類、きのこ類を避けた、みそ雑炊がおすすめ

◎ 材料

大根…3cm
キャベツ…1枚
じゃがいも…1個
豆腐…100g
卵…1個
ほうれん草（下ゆで済み）…2株
ごはん…160g（お好みの量）
だしパック…1袋
みそ…大さじ2
水…600ml

まいたけに含まれるβグルカンで免疫力アップ

白舞茸とわかめと絹さやのおみそ汁

`免疫力UP` `ダイエット`

◎ 作り方

1. 鍋に水とだしパック、割いた白舞茸を入れて4〜5分煮ます。
2. 乾燥わかめを入れて、1分ほど煮たらみそを溶き入れます。
3. 盛り付けたら、絹さやをのせて完成です。

白い舞茸と鮮やかな絹さやで彩りよく。白くても舞茸のうま味はたっぷりです

◎ 材料

白舞茸…1/2パック
乾燥わかめ…大さじ1（約3g）
絹さや（下ゆで済み）…適宜
だしパック…1袋
みそ…大さじ2
水…500ml

> 茎や芯は傷や変色がない新鮮なものを

茎と芯と厚揚げとわかめのおみそ汁　美肌　血液サラサラ

◎ 作り方

1. 鍋に水、だしパック、短冊切りにしたブロッコリーの茎と斜め切りにしたキャベツの芯を入れて2〜3分煮ます。
2. 乾燥わかめと短冊切りにした厚揚げを入れて3分ほど煮ます。
3. みそを溶き入れて完成です。

野菜の端っこをおみそ汁に。おみそ汁はなんでも受け入れてくれる寛大さがあります

◎ 材料

ブロッコリーの茎…適宜
キャベツの芯…適宜
厚揚げ…50g
乾燥わかめ…大さじ1（約3g）
だしパック…1袋
みそ…大さじ2
水…600ml

> 三つ葉の香りはストレスや不眠の解消にも

三つ葉と玉ねぎのかき玉おみそ汁　美肌　疲労回復

◎ 作り方

1. 鍋に水、だしパックと薄めにスライスした玉ねぎを入れて4〜5分煮ます。
2. 火を強めて沸騰させ、溶き卵を細く回し入れます。
3. みそを溶き入れて、カットした三つ葉を入れて完成です。

ふんわり溶き卵の甘みと玉ねぎの甘みがやさしい一杯。三つ葉の風味で上品な仕上がりに

◎ 材料

玉ねぎ…1/2個
卵…1個
三つ葉…適宜
だしパック…1袋
みそ…大さじ2
水…500ml

> 3章 免疫力アップ！ご自愛おみそ汁

牛乳＋おみそ汁は1杯で栄養補給ができる

白菜と人参とえのき茸と玉ねぎのミルクおみそ汁

`免疫力UP` `美肌`

◎ 作り方

1. 鍋に水、細めに短冊切りにした人参、カットした白菜の白い芯の部分・えのき茸、スライスした玉ねぎを入れて3〜4分煮ます。
2. やわらかく煮えたらカットした白菜の葉の部分を入れ、鶏ガラ顆粒だしを入れてみそを溶き入れます。
3. 牛乳を入れ、沸騰前に火を止めて、盛り付けたらお好みで黒こしょうをかけて完成です。

> たっぷりお野菜を食べたいときにはミルクスープみたいなやさしい一杯を

◎ 材料

白菜…2枚
人参…4cm
えのき茸…1/2株
玉ねぎ…1/2個
牛乳…200ml
鶏ガラ顆粒だし…小さじ2
お好みで粗びき黒こしょう
みそ…大さじ1.5〜2
水…400ml

すべての材料にカルシウムがたっぷり

切り干し大根と春菊と椎茸と油揚げのおみそ汁

`腸活`

◎ 作り方

1. 鍋に水、だしパック、サッと洗ってカットした切り干し大根、スライスした椎茸を入れて4〜5分煮ます。
2. カットした油揚げを入れて2分煮たら、カットした春菊を入れ1分煮て、みそを溶き入れて完成です。

> 切り干し大根と春菊と椎茸の組み合わせは、一見、主張の強い食材同士のようですが、意外に調和して味に深みが出る一杯

◎ 材料

切り干し大根…40g
春菊…2株
椎茸…1個
油揚げ…1枚
だしパック…1袋
みそ…大さじ2
水…600ml

> 高野豆腐に含まれるイソフラボンで冷え改善を

高野豆腐としめじとわかめのおみそ汁

`ダイエット` `血液サラサラ`

◎ 作り方

1. 鍋に水、だしパック、しめじを入れて4〜5分ほど煮ます。
2. 熱湯に1〜2分浸して戻した高野豆腐を冷水で触れるくらいに冷まし、水気を絞ってちぎり1に入れて、お好みで粉末の煮干しだしを入れて3分ほど煮ます。
3. 乾燥わかめを入れて、1〜2分煮てみそを溶き入れ、完成です。

高野豆腐を熱湯で戻すと3倍くらいに膨らみます。ちぎって入れれば味がしみこみやすく、食べやすくなります

◎ 材料

高野豆腐…1個(約16g)
乾燥わかめ…大さじ1(約3g)
しめじ…1/2株
粉末の煮干しだし
…小さじ2(お好みで)
だしパック…1袋
みそ…大さじ2
水…600ml

> 酒粕は食物繊維も含み、便秘改善予防にも効果大

かぶと油揚げと酒粕のおみそ汁

`ダイエット` `冷え性改善`

◎ 作り方

1. 鍋に水とだしパック、くし切りのかぶを入れて火にかけ、沸騰したら酒粕を溶き入れ、4〜5分煮ます。
2. カットした油揚げとかぶの葉を入れて、2〜3分煮ます。
3. みそを溶き入れて完成です。

甘くて葉っぱまでみずみずしい春のかぶを、油揚げと酒粕でやわらかくやさしい味わいに煮込んだ一杯

◎ 材料

かぶ…2個(あれば葉も)
油揚げ…1枚
酒粕…50g
だしパック…1袋
みそ…大さじ2
水…600ml

> かぼちゃのビタミンEは体を温め、冷え性予防に

かぼちゃとしめじと長ねぎのおみそ汁　免疫力UP 冷え症改善

◎ 作り方

1. ひと口大にカットしたかぼちゃを耐熱容器に入れてラップをして、電子レンジ（600W）で2分ほど加熱します。
2. 鍋に水とだしパックと1のかぼちゃ、しめじを入れて3〜4分ほど煮ます。
3. かぼちゃがやわらかく煮えたら斜め切りの長ねぎを入れ、2分ほど煮てみそを溶き入れて完成です。

甘いかぼちゃには、しっかり濃厚な米こうじの赤みそがバランスよくまとまります

◎ 材料

かぼちゃ…150g
しめじ…1/2株
長ねぎ…1/2本
だしパック…1袋
みそ…大さじ2
水…600ml

> オリーブオイルはコレステロール低下効果も

ザワークラウトと茄子のおみそ汁　美肌 腸活

◎ 作り方

1. 茄子を半月切りにしてオリーブオイルで炒め、水とだしパックを入れて4〜5分煮ます。
2. ザワークラウトを入れ、みそを溶き入れます。ザワークラウトの塩味の分、みその適宜量は調整してください。
3. 盛り付けたら、お好みで追いザワークラウトをのせて完成です。

「発酵×発酵」で、ザワークラウトの酸味、濃厚なみその風味と茄子からしみ出るオイルのコクが絶妙なバランスです

◎ 材料

茄子…2本
ザワークラウト
　…30g＋トッピング用適宜
オリーブオイル…大さじ1
だしパック…1袋
みそ…大さじ1.5〜2
水…500ml

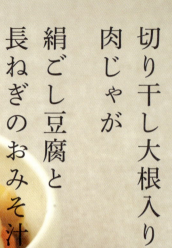

切り干し大根入り肉じゃが
絹ごし豆腐と長ねぎのおみそ汁

家庭料理の肉じゃがに切り干し大根や干し椎茸入りで濃厚なうま味。正統派の定番でシンプルなおみそ汁を合わせて

> 戻し汁には水溶性のミネラルやビタミンが豊富

切り干し大根入り肉じゃが

`腸活` `免疫力UP`

◎ 作り方

1. 一口サイズにカットした人参とじゃがいもを耐熱容器に入れ、ラップをかけて電子レンジ（600W）で3分加熱します。
2. 鍋に油を入れ、くし切りの玉ねぎを入れて炒め、1のじゃがいもと人参を入れ、牛肉を加えて炒めます。
3. 干し椎茸は耐熱容器に入れ、水を入れて電子レンジで2分加熱して戻し、切り干し大根は5分水に浸して絞り、ともに食べやすい大きさにカットします。
4. 3の戻し汁を合わせて250mlと酒、砂糖、みりん、酢、切り干し大根、干し椎茸を2に入れてふたをして5分ほど煮ます。
5. 醤油を加え、全体を混ぜながらさらに5分ほど煮て、人参がやわらかくなったら火を止めます。
6. 盛り付けたら、絹さやをのせて完成です。

> 切り干し大根と干し椎茸の戻し汁を使って肉じゃがを一緒に煮た、こっくりうまうまな家庭料理の一品

◎ 材料

牛肉こま切れ…200g
玉ねぎ…1/2個
人参…4cm
じゃがいも…2〜3個
切り干し大根…15g
干し椎茸…2個
戻し汁…250ml（切り干し大根150ml、干し椎茸100ml）
酒、甜菜糖（砂糖）、みりん、醤油…各大さじ2
酢…大さじ1
お好みの炒め油…適宜
絹さやまたはいんげんなど（下ゆで済み）…適宜

> 豆腐はアミノ酸をバランスよく含む

絹ごし豆腐と長ねぎのおみそ汁

`ダイエット` `免疫力UP`

◎ 作り方

1. 鍋に水とだしパックを入れ、沸騰したら2〜3分煮ます。
2. カットした豆腐と斜め切りの長ねぎを入れ、2分ほど煮ます。
3. みそを溶き入れて完成です。

> シンプルなお豆腐と長ねぎのおみそ汁は人気です。おかずを引き立てる正統派汁ものとしての一杯

◎ 材料

絹ごし豆腐…200g
長ねぎ…1/3本
だしパック…1袋
みそ…大さじ2
水…500ml

カロテン・カルシウム・ビタミンCを補給できる

春菊と長ねぎと油揚げのおみそ汁

免疫力UP　疲労回復

◎ 作り方
1. 鍋に水とだしパックを入れて3〜4分煮ます。
2. カットした油揚げ、春菊、斜め切りの長ねぎを入れて2分ほど煮ます。
3. みそを溶き入れて完成です。

春菊と長ねぎは鍋ものに活躍する食材。少し余ったらおみそ汁で

◎ 材料
春菊…2株
長ねぎ…1/3本
油揚げ…1枚
だしパック…1袋
みそ…大さじ2
水…500ml

モロヘイヤには血糖値の急上昇を抑える効果も

モロヘイヤと大和芋のおみそ汁

美肌　腸活

◎ 作り方
1. 鍋に水とだしパックを入れ、沸騰したら4〜5分煮ます。
2. 拍子木切りの大和芋と、カットしたモロヘイヤを入れて、再び沸騰したらみそを溶き入れて完成です。

からだの中からバリア膜で守られているよう。粘度の強い大和芋は繊維の密度が詰まってる感じです

◎ 材料
モロヘイヤ（下ゆで済み）
…80g
大和芋…4cm
だしパック…1袋
みそ…大さじ2
水…500ml

138

3章 免疫力アップ！ご自愛おみそ汁

豆苗はビタミン類以外にタンパク質も含む
豆苗とじゃこ天と舞茸のおみそ汁
`免疫力UP` `美肌`

◎ 作り方

1. 鍋に水、だしパック、割いた舞茸を入れて、4～5分煮ます。
2. 1/4にカットしたじゃこ天を入れて2分ほど煮ます。
3. 最後にカットした豆苗を入れ、みそを溶き入れて完成です。

うま味だしにもなるような濃厚な味わいの舞茸とじゃこ天に豆苗の風味がよく合います

◎ 材料

じゃこ天…2枚
豆苗…1/4株
舞茸…1/2パック
だしパック…1袋
みそ…大さじ2
水…600ml

すりおろしりんごを皮ごと食べて食物繊維を
すりおろしりんごと生姜と長ねぎのぽかぽか豚汁
`免疫力UP` `冷え症改善`

◎ 作り方

1. 鍋に水とカットした豚肉を入れて火にかけ、沸騰したらアクを取ります。
2. 斜め切りの長ねぎを入れ、皮ごとすりおろしたりんごと生姜をトッピング用に少し取っておき、残りは鍋に入れて3～4分煮ます。
3. 削り節を入れてみそを溶き入れます。
4. 盛り付けたら、トッピング用のすりおろしたりんごと生姜をのせて完成です。

すりおろしたりんごと生姜、長ねぎを豚汁に入れて身体の中からぽかぽかあったまる一杯に

◎ 材料

豚ロース肉薄切り…80g
長ねぎ…1本
りんご…1/2個
生姜 (すりおろし)
…大さじ1～1.5
削り節…2g
みそ…大さじ2
水…600ml

小松菜のカロテンが肌の乾燥や肌あれを予防

小松菜と大和芋と油揚げのおみそ汁

腸活　疲労回復

◎ 作り方

1. 鍋に水とだしパックを入れ、沸騰したら3〜4分煮ます。
2. カットした油揚げ・小松菜を入れ、2分ほど煮ます。
3. 拍子木切りの大和芋を入れてみそを溶き入れて完成です。

新鮮な小松菜と食べ応えのある大和芋で、よく噛んで満腹感が増す一杯

◎ 材料

小松菜…2株
大和芋…4cm
油揚げ…1枚
だしパック…1袋
みそ…大さじ2
水…600ml

じゃがいもはカリウム豊富で、高血圧改善効果も

じゃがいもと玉ねぎのおみそ汁

腸活　血液サラサラ

◎ 作り方

1. 鍋に水、だしパックとひと口大にカットしたじゃがいも、くし切りの玉ねぎを入れて7〜8分煮ます。
2. じゃがいもがやわらかくなったら、みそを溶き入れて完成です。

超定番で人気の組み合わせ。家庭料理ならではのほっこりする美味しさで、たまに無性に食べたくなる一杯

◎ 材料

じゃがいも…2個
玉ねぎ…1/2個
だしパック…1袋
みそ…大さじ2
水…700ml

3章 免疫力アップ！ご自愛おみそ汁

> 黒酢に含まれるクエン酸は疲労回復に効果あり

キャベツとしめじとわかめの黒酢おみそ汁 `免疫力UP` `疲労回復`

◎ 作り方

1. 鍋に水、だしパック、しめじを入れ4〜5分煮ます。
2. カットしたキャベツとわかめを入れて、2分煮ます。
3. 黒酢を入れ、みそを溶き入れて完成です。

短鎖脂肪酸が増える黒酢をたらすと、あら不思議。納豆汁みたいなコクやうま味がアップします

◎ 材料

キャベツ…2枚
しめじ…1/2株
乾燥わかめ…大さじ1（約3g）
黒酢…大さじ1
だしパック…1袋
みそ…大さじ2
水…600ml

> アーモンドミルクは強い抗酸化作用が

鶏ささみとキャベツと玉ねぎと椎茸 アーモンドミルクのカレーおみそ汁 `美肌` `疲労回復`

◎ 作り方

1. 鍋に水とスライスした玉ねぎ・椎茸を入れて火にかけ、鍋のまわりがふつふつし始めたら、そぎ切りにして片栗粉をまぶした鶏ささみを入れ、沸騰したら少し火を弱めて4〜5分ほど煮ます。
2. カットしたキャベツ、カレー粉、鶏ガラ顆粒だしを入れて、2〜3分煮ます。
3. みそを溶き入れてアーモンドミルクを入れて沸騰前に火を止めます。
4. 盛り付けて、お好みで黒こしょうをかけて完成です。

ヘルシーなアーモンドミルクでスープカレー風に仕立てた一杯です。ささみに片栗粉をまぶすと、つるんとやわらかくなります

◎ 材料

鶏ささみ…2本
キャベツ…1枚
玉ねぎ…1/2個
椎茸…1個
片栗粉…大さじ1
鶏ガラ顆粒だし…小さじ2
カレー粉…大さじ1
アーモンドミルク
…180〜200ml
お好みで粗びき黒こしょう
みそ…大さじ1.5〜2
水…400ml

豚肉は体や脳を活性化させるエネルギー源

春キャベツ入り豚汁

`腸活` `筋力UP`

◎ 作り方

1. カットした豚肉を油でサッと炒め、いちょう切りの大根、半月切りの人参、スライスした椎茸を加えて炒め、水を入れて火にかけます。
2. 沸騰したらアクを取り、10分ほど煮ます。
3. 具材がやわらかく煮えたら、カットしたキャベツを入れ、2分煮たらみそを溶き入れます。
4. 盛り付けたら、お好みで七味唐辛子をかけて完成です。

◎ 材料

キャベツ…2枚
大根・人参…各4cm
椎茸…1個
豚肉薄切り…120g
お好みの炒め油…大さじ1
お好みで七味唐辛子少々
みそ…大さじ2
水…800ml

ふんわりとした巻きのやわらかい春キャベツをたっぷり豚汁に入れ、彩りよく

えのきたけに含まれるナイアシンは代謝に不可欠

白菜とえのき茸とわかめのおみそ汁

`腸活` `免疫力UP`

◎ 作り方

1. 鍋に水、だしパック、カットしたえのき茸、細めにカットした白菜の白い芯の部分を入れ、4～5分ほど煮ます。
2. カットした白菜の葉の部分とわかめを入れ、2分ほど煮たらみそを溶き入れて完成です。

◎ 材料

白菜…2枚
えのき茸…1/2株
乾燥わかめ…大さじ1（約3g）
だしパック…1袋
みそ…大さじ2
水…600ml

細めにカットした白菜がえのき茸とからんで、もりもり食べられる一杯

142

3章 免疫力アップ！ご自愛おみそ汁

打ち豆でタンパク質補給を

大根菜と打ち豆と油揚げのおみそ汁　疲労回復　美肌

◎ 作り方
1. 鍋に水、煮干し、だしパックと打ち豆を入れて、6〜7分ほど煮ます。
2. カットした油揚げ・大根菜を入れて3分煮ます。
3. みそを溶き入れて完成です。

『打ち豆』は越後の郷土食材。大豆を薄くつぶしているので長く水に浸さずに煮るだけで便利なタンパク源となります

◎ 材料
大根菜…2株
油揚げ…1枚
打ち豆…大さじ2
煮干し…3〜4尾
だしパック…1袋
みそ…大さじ2
水…700ml

たっぷりのビタミンCで皮膚や血管の老化を防ぐ

もずくとトマトとブロッコリーのおみそ汁　免疫力UP　美肌

◎ 作り方
1. 鍋に水、だしパックを入れて4〜5分煮ます。
2. もずくとくし切りにしたトマトを入れ、沸騰したらみそを溶き入れます。
3. 盛り付けたら、ブロッコリーを添えて完成です。

とろとろもずくとトマトのさわやかな酸味がベストマッチ。ブロッコリーも彩りよく添えて

◎ 材料
もずく…100g
トマト(小)…2個
ブロッコリー(下ゆで済み)
…適宜
だしパック…1袋
みそ…大さじ2
水…500ml

> ちくわは手軽にタンパク質補給ができる練り製品

ほうれん草とちくわと
アスパラのおみそ汁

`ダイエット` `免疫力UP`

◎ 作り方

1. 鍋に水とだしパックを入れ、沸騰したら4〜5分煮ます。
2. 斜め切りのアスパラと輪切りのちくわを入れて、2分ほど煮ます。
3. カットしたほうれん草を入れ、みそを溶き入れて完成です。

> 生のアスパラのゆで汁の栄養分も無駄なくおみそ汁に。輪切りのちくわがお花みたいにかわいい一杯

◎ 材料

アスパラガス（細め）…3〜4本
ちくわ…2本
ほうれん草（下ゆで済み）…2株
だしパック…1袋
みそ…大さじ2
水…600ml

> アボカドの脂質とビタミンEには美容効果が

アボカドと舞茸と玉ねぎの
おみそ汁 `ダイエット` `美肌`

◎ 作り方

1. 鍋に水、だしパック、くし切りの玉ねぎ、割いた舞茸を入れて4〜5分煮ます。
2. カットしたアボカドを入れて、みそを溶き入れて完成です。

> 玉ねぎ、舞茸と合わせて、アボカドの栄養を存分に受けとる一杯

◎ 材料

アボカド…1/2個
玉ねぎ…1/2個
舞茸…1/2パック
だしパック…1袋
みそ…大さじ2
水…500ml

3章 免疫力アップ！ご自愛おみそ汁

> 雪下人参は免疫力を高めるβカロテンが豊富

春キャベツと新玉ねぎと雪下人参のおみそ汁

`免疫力UP` `美肌`

◎ 作り方

1. 鍋に水、だしパック、短冊切りの人参、スライスした玉ねぎを入れて4〜5分煮ます。
2. カットしたキャベツを入れて2分ほど煮たら、みそを溶き入れて完成です。

春先のわずかな時期だけ出会えるこの組み合わせ。雪の下で越冬させた「雪下（ゆきした）人参」は甘みたっぷり

◎ 材料

春キャベツ…2枚
雪下人参…4cm
新玉ねぎ…1/2個
だしパック…1袋
みそ…大さじ2
水…600ml

> おかひじきは鉄分などのミネラル類がたっぷり

おかひじきと大根とみょうがのおみそ汁

`免疫力UP` `腸活`

◎ 作り方

1. 鍋に水とだしパックを入れて、沸騰したら2〜3分煮ます。
2. 大根を入れて2分煮たら、みそを溶き入れます。
3. 盛り付けたら、カットしたおかひじきとみょうがをのせて完成です。

シャキシャキのおかひじきとスライサーでカンタンな大根のつまは長く煮込まなくていいし食べやすい便利な一杯

◎ 材料

大根（スライサーでせん切りに）…80g
おかひじき（下ゆで済み）…50g
みょうが…適宜
だしパック…1袋
みそ…大さじ2
水…500ml

> 雑穀で噛み応えもプラスされ、食物繊維もアップ

赤パプリカとズッキーニ 雑穀米とカッテージチーズの みそリゾット `ダイエット` `腸活`

◎ 作り方

1. さいの目にカットした赤パプリカとズッキーニをオリーブオイルで炒め、水と雑穀米入りのごはんを入れて火にかけます。
2. 沸騰したら少し火を弱め、鶏ガラ顆粒だしを入れて10分ほどトロトロになるまで煮ます。
3. みそを溶き入れて盛り付けたら、カッテージチーズをのせて完成です。

赤パプリカとズッキーニでカラフルに。みそとカッテージチーズでさわやかでまろやかな一杯

◎ 材料

赤パプリカ…1/2個
ズッキーニ…1/2本
雑穀米入りごはん…約120g
オリーブオイル…大さじ1
鶏ガラ顆粒だし…小さじ2
お好みでカッテージチーズ
…大さじ1
みそ…大さじ1.5
水…400ml

> キャベツのビタミンKは血液の凝固に関わる

キャベツと玉ねぎとわかめの おみそ汁 `血液サラサラ` `美肌`

◎ 作り方

1. 鍋に水、だしパックとスライスした玉ねぎを入れて4〜5分煮ます。
2. カットしたキャベツとわかめを入れて、2分煮ます。
3. みそを溶き入れて完成です。

野菜不足の時にはこのおみそ汁でキャベツと玉ねぎをモリモリ食べましょう！

◎ 材料

キャベツ…2枚
玉ねぎ…1/2個
乾燥わかめ…大さじ1 (約3g)
だしパック…1袋
みそ…大さじ2
水…600ml

3章 免疫力アップ！ご自愛おみそ汁

> 海苔はビタミンとミネラルの宝庫

レタスと焼き海苔のおみそ汁 美肌 腸活

◎ 作り方
1. 鍋に水とだしパックを入れ、沸騰したら4〜5分煮ます。
2. ちぎったレタスを入れ、みそを溶き入れます。
3. 盛り付けて、ちぎった焼き海苔をのせて完成です。

「うわ〜もうこんな時間！」という時もおだしが沸いたら手でちぎったレタスと焼き海苔を入れて、おいしく簡単な一杯を

◎ 材料
レタス…2枚
焼き海苔…1枚
だしパック…1袋
みそ…大さじ2
水…500ml

> 桜えびや削り節はカルシウム豊富な食材

桜えびと玉ねぎと水菜のおみそ汁 免疫力UP 腸活

◎ 作り方
1. 鍋に桜えびを入れて1〜2分ほど、から炒りするように火にかけ、えびの香りが立ったら、水とスライスした玉ねぎを入れて2〜3分煮ます。
2. カットした水菜を入れて、再び沸騰したら削り節を入れます。
3. みそを溶き入れて完成です。

桜えびがおだしになって、玉ねぎの甘みと水菜のシャキッと感がベストマッチの一杯

◎ 材料
玉ねぎ…1/2個
水菜…1株
桜えび（素干し）…大さじ2
削り節…2g
みそ…大さじ2
水…500ml

> 椎茸だしは塩分がゼロで減塩に役立つ

干し椎茸と小松菜と
ちりめんのおみそ汁 `腸活` `美肌`

◎ 作り方

1. 耐熱容器に干し椎茸と水200mlを入れ、電子レンジ（600W）で2分加熱して戻し、戻し汁ごと鍋に入れ、水を加えて火にかけます。
2. 沸騰して3～4分ほど煮たらちりめんじゃこを入れ、再び沸騰したらカットした小松菜を入れて2～3分煮ます。
3. みそを溶き入れて完成です。

干し椎茸とちりめんじゃこでおだしにもなる、超絶うま味の一杯

◎ 材料

干し椎茸（スライス）…5～7g
小松菜…2株
ちりめんじゃこ…大さじ3
みそ…大さじ2
水…600ml
（干し椎茸の戻し汁200mlと合わせて）

> 生わかめは食べ応えと満足感がある

切り干し大根と油揚げと
生わかめのおみそ汁

`腸活` `免疫力UP`

◎ 作り方

1. 鍋に水、だしパック、サッと洗ってカットした切り干し大根を入れて4～5分煮ます。
2. カットした生わかめ・油揚げを入れて2分煮ます。
3. みそを溶き入れて完成です。

切り干し大根と生わかめの、どこか懐かしい味わいの一杯

◎ 材料

切り干し大根…8～10g
生わかめ…80g
油揚げ…1枚
だしパック…1袋
みそ…大さじ2
水…600ml

じゃがいもは芋類の中でも低カロリー

じゃがいもとわかめと木綿豆腐のおみそ汁

`腸活` `免疫力UP`

◎ 作り方

1. 鍋に水、だしパック、半月切りにカットしたじゃがいもを入れて6〜7分煮ます。
2. わかめとカットした木綿豆腐を加え1〜2分ほど煮ます。
3. じゃがいもがやわらかく煮えたら、みそを溶き入れて完成です。

定番のわかめと木綿豆腐にじゃがいもを入れました。食べ応えのあるほっこりしたおいしさを味わって

◎ 材料

じゃがいも…1個
乾燥わかめ…大さじ1（約3g）
木綿豆腐…200g
だしパック…1袋
みそ…大さじ2
水…700ml

卵はアミノ酸バランスのよい理想的なタンパク源

レタスともずくと溶き卵のおみそ汁

`免疫力UP` `美肌`

◎ 作り方

1. 鍋に水とだしパックを入れ、沸騰したら4〜5分煮ます。
2. もずくと、ちぎったレタスを入れ、強火にして再び沸騰したら溶き卵を細く回し入れます。
3. 火を止めて、みそを溶き入れて完成です。

もずくのとろみでかき玉汁風に。ふんわり溶き卵で簡単なのにごちそう感のある一杯

◎ 材料

もずく…100g
レタス…2枚
卵…1個
だしパック…1袋
みそ…大さじ2
水…600ml

煮干しを食べて生活習慣病予防の栄養素を補給

とろろ昆布と高野豆腐の
おみそ汁 ダイエット 腸活

◎ 作り方

1. 鍋に水と煮干しを入れて15分ほどおき、ゆっくり火を入れます。
2. 高野豆腐は熱湯に入れ、1～2分で大きく膨らんだら、冷水で冷ましてちぎって1に入れ、4～5分ほど煮ます。
3. みそを溶き入れ、とろろ昆布を入れて完成です。

地味ながら、乾物だけでうま味の相乗効果を堪能できる一杯。常備ストックの乾物の使い切りには、おみそ汁がちょうどいい！

◎ 材料

高野豆腐…1個 (16.5g)
とろろ昆布…10g
煮干し…5尾
みそ…大さじ2
水…500ml

たらは低エネルギーで低脂質なヘルシーな魚の1つです

真だらと白菜と長ねぎの
大根キムチのせおみそ汁
美肌 腸活

◎ 作り方

1. 鍋に水、だしパック、カットした白菜の白い芯の部分を入れて4～5分煮ます。
2. カットした白菜の葉の部分、ひと口大にカットした真だら、斜め切りにした長ねぎを入れて、3分ほど煮ます。
3. 盛り付けたら、お好みで大根キムチをのせて、完成です。

骨取り真だらが便利。淡白でクセがない白身なのでコリコリ大根のオイキムチをのせて。ほどよいキムチ感の一杯

150

> 大根はデンプンを分解する酵素を含んでいる

大根とじゃがいもとわかめのおみそ汁

`免疫力UP` `美肌`

◎ 作り方

1. 鍋に水、だしパック、半月切りのじゃがいも、せん切りの大根を入れて7〜8分煮ます。
2. わかめを入れて2分煮たら、みそを溶き入れて完成です。

せん切りの大根とじゃがいもの風味は相性ぴったり。わかめも入れて、何気ない日常の落ち着ける一杯

◎ 材料

じゃがいも…1個
大根…4cm
乾燥わかめ…大さじ1（約3g）
だしパック…1袋
みそ…大さじ2
水…700ml

> バナナ・甘酒・ヨーグルトで整腸作用を促す

甘酒とヨーグルトバナナの冷製おみそ汁

`美肌` `腸活`

◎ 作り方

1. バナナは皮をむいてひと口大にカットして器に入れ、レモンの搾り汁をからめておきます。
2. ヨーグルトとみそを混ぜ、甘酒を加えたものを1に入れます。
3. 輪切りのレモンをのせて完成です。

バナナでおみそ汁?!　朝におなじみの食材たちの意外とおいしい一杯。レモンがいい仕事をしています

◎ 材料（1杯分）

バナナ…1本
レモン…1切れとしぼり汁
甘酒…100ml
ヨーグルト…大さじ1
みそ…小さじ1

青椒肉絲
わかめとえのき茸とお豆腐のおみそ汁

具だくさんでにんにくのきいた
炒め物には定番のわかめとお
豆腐にえのき茸のやさしい味
わいのおみそ汁で

3章　免疫力アップ！ ご自愛おみそ汁

免疫力を高めるβカロテンを油とともに効率吸収

青椒肉絲 ダイエット　冷え性改善

◎ 作り方

1. みじん切りのにんにくとカットした牛肉を炒め、酒を入れ、塩こしょうをして炒め取り出します。
2. カットしたきくらげ、縦にスライスした赤・黄パプリカ、ピーマン、カットした水煮たけのこを炒め、鶏ガラ顆粒だしと醤油を加えて混ぜます。
3. 1の牛肉を入れ、全体をからめるように混ぜながら炒めて、完成です。

ピーマンとパプリカがカラフルな、にんにく味の元気が出る一皿

◎ 材料

牛肉…200g
赤・黄パプリカ…各1個
ピーマン…1個
たけのこの水煮…1袋（約120g）
生きくらげ…30g
にんにく…1かけ
鶏ガラ顆粒だし…小さじ2
粗びき黒こしょう・塩…少々
醤油…大さじ1
酒…大さじ1
お好みの炒め油…適宜

低カロリーの食材がたっぷり

わかめとえのき茸とお豆腐のおみそ汁 腸活　美肌

◎ 作り方

1. 鍋に水、だしパックとカットしたえのき茸を入れ、4〜5分煮ます。
2. わかめを入れて2分ほど煮たら、カットした豆腐を入れます。
3. みそを溶き入れて完成です。

お豆腐とわかめの定番具材にえのき茸のうま味がプラスされた落ち着ける一杯

◎ 材料

乾燥わかめ
…大さじ1（約3g）
えのき茸…1/2株
絹ごし豆腐…200g
だしパック…1袋
みそ…大さじ2
水…600ml

> 食べる小魚は骨によい栄養がたっぷり

食べる小魚と玉ねぎとスプラウトのおみそ汁

`美肌` `血液サラサラ`

◎ 作り方

1. 鍋に水、食べる小魚、スライスした玉ねぎを入れて4〜5分煮ます。
2. 削り節を入れ、みそを溶き入れます。
3. 盛り付けたら、お好みでブロッコリースプラウトをのせて完成です。

そのまま食べられる小魚はだしにも具材にも。ブロッコリースプラウトと合わせて栄養と彩りも

◎ 材料

玉ねぎ…1/2個
食べる小魚…約15尾
ブロッコリースプラウト
…適宜
削り節…2g
みそ…大さじ2
水…500ml

> 春菊の香り成分には胃を整える効果が

春菊と玉ねぎと油揚げのおみそ汁

`疲労回復` `血液サラサラ`

◎ 作り方

1. 鍋に水、だしパック、スライスした玉ねぎを入れ4〜5分煮ます。
2. カットした油揚げ・春菊を入れて2分ほど煮ます。
3. みそを溶き入れて完成です。

春菊の風味と玉ねぎの甘みがシンプルによく合う一杯

◎ 材料

春菊…2株
玉ねぎ…1/2個
油揚げ…1枚
だしパック…1袋
みそ…大さじ2
水…600ml

> えごま油は人参のβカロテンの吸収をアップ

人参と小松菜のえごま油かけおみそ汁

`血液サラサラ` `ダイエット`

◎ 作り方

1. 鍋に水、だしパック、人参を入れて4〜5分ほど煮ます。
2. カットした小松菜を加えて2分ほど煮たら、みそを溶き入れます。
3. 盛り付けたら、えごま油をかけて完成です。

> オメガ3のえごま油やアマニ油を毎朝のおみそ汁に入れて。人参とオイルの相性もバッチリ

◎ 材料

人参（スライサーでせん切りに）…60g
小松菜…1株
えごま油…小さじ1（1人あたり）
だしパック…1袋
みそ…大さじ2
水…600ml

> 腸内環境を整える食材がいっぱい

オートミールとひよこ豆のカレーみそリゾット

`腸活` `美肌`

◎ 作り方

1. 鍋に水、オートミール、細かくカットしたえのき茸、ひよこ豆、カレー粉を入れて火にかけます。
2. 沸騰したらカットしたいんげん、鶏ガラ顆粒だしを入れて5分ほど煮て、黒こしょうを入れ、みそを溶き入れます。
3. 2〜3分ほどおいて蒸らし、お好みの状態になったら盛り付けて、お好みで黒こしょうや粉チーズをかけて完成です。

> 細かくカットしたえのき茸で量が増え、ヘルシーで満足感アップ。ひよこ豆のボクボク食感と味わいがカレー風味にぴったり

◎ 材料

オートミール…60g
えのき茸…1/2株
さやいんげん…5本
ひよこ豆（サラダ用）…50g
カレー粉…小さじ2
鶏ガラ顆粒だし…小さじ1
お好みで粗びき黒こしょう、粉チーズ
みそ…大さじ2
水…500ml

> えのき茸には腸を刺激する食物繊維が多い

えのき茸と油揚げと長ねぎのおみそ汁 `腸活` `ダイエット`

◎ 作り方

1. 鍋に水、だしパック、カットしたえのき茸を入れて4〜5分ほど煮ます。
2. カットした油揚げと斜め切りの長ねぎを入れ、2分煮ます。
3. みそを溶き入れて完成です。

いつもよりえのき茸を多く使い、水からゆっくり煮て甘みととろみを引き出した、えのき茸が主役の一杯

◎ 材料

えのき茸…1株
油揚げ…1枚
長ねぎ…1/3本
だしパック…1袋
みそ…大さじ2
水…600ml

> めかぶは血糖値の上昇をゆるやかにする

めかぶ納豆のせ白菜のおみそ汁 `腸活` `血液サラサラ`

◎ 作り方

1. 鍋に水、だしパック、カットした白菜の白い部分を入れて4〜5分煮ます。
2. カットした白菜の葉の部分を入れて2分ほど煮て、みそを溶き入れます。
3. 盛り付けたら、めかぶとひきわり納豆を混ぜて上にのせて完成です。

めかぶとひきわり納豆を混ぜて白菜のおみそ汁にのせて。納豆にもめかぶにもタレをかけないので、その分の塩分をカットできます

◎ 材料

白菜…2枚
めかぶ…40g
ひきわり納豆
…1パック(40g)
だしパック…1袋
みそ…大さじ2
水…600ml

3章 免疫力アップ！ ご自愛おみそ汁

麩はたんぱく質も水分をたっぷり含む

焼き麩と長ねぎのおみそ汁

`ダイエット` `美肌`

◎ 作り方

1. 鍋に水とだしパックを入れ、沸騰したら3〜4分煮ます。
2. 斜め切りの長ねぎを入れて1〜2分煮てみそを溶き入れ、焼き麩を入れて完成です。

ふんわりやさしい焼き麩と長ねぎの、シンプルでもちゃんと汁ものになる一杯。焼き麩が汁を吸いこむので、少し水量を多めに

◎ 材料

長ねぎ…1/2本
焼き麩…8〜10個
だしパック…1袋
みそ…大さじ2〜2.5
水…600ml

かいわれ大根の辛みには消化促進や殺菌作用が

かいわれ大根と油揚げと木綿豆腐のおみそ汁

`腸活` `血液サラサラ`

◎ 作り方

1. 鍋に水とだしパックを入れ、沸騰したら3〜4分煮ます。
2. カットした油揚げと木綿豆腐を入れて2分ほど煮てみそを溶き入れます。
3. 盛り付けたら、カットしたかいわれ大根をのせて完成です。

木綿豆腐と油揚げにもう1つ加えるなら、安くて手軽なかいわれ大根を。後のせでさっぱりピリッと辛味のアクセントに

◎ 材料

木綿豆腐…200g
油揚げ…1枚
かいわれ大根…適宜
だしパック…1袋
みそ…大さじ2
水…500ml

おわりに

『つかれたからだをいたわるご自愛おみそ汁』をご覧いただきありがとうございます。いろいろなおみそ汁がありましたが、私が思うおみそ汁がスゴい10の理由について挙げてみたいと思います。

おみそ汁がスゴい10の理由

1. 栄養素をバランスよくとれる
2. 栄養素をムダなく丸ごととれる
3. 体調や食卓で不足している栄養素を補える
4. おみそ汁ファーストの食べ方などで体調管理
5. 旬の食材のパワーをとりいれやすい調理法
6. 冷蔵庫に余った食材もおみそ汁でムダなく使える
7. お腹や身体が温まる
8. 心がホッとする
9. わが家の味がある　家族共通のきずな
10. 思い出の味がある　懐かしさや郷愁を感じられる

おいしくて、からだにいいだけはなく、優しく心にも寄り添うおみそ汁は日本が誇るべき伝統家庭料理だと思います。

そして、おみそ汁やお料理を作るとき、大切な人のことを思う気持ち、自分自身のこともいたわる気持ち、いろいろな人への『ご自愛』の優しい思いやりが、お料理をおいしくするいちばんの調味料なんだと感じます。この思いを込めたおみそ汁を素敵な書籍にしていただき、本当に嬉しく思います。

書籍出版にあたりこの本をお手にとっていただいている皆様、SNSで応援して下さるフォロワーの皆様、出版社の皆様、そして関わるすべての皆様に心より感謝を申し上げます。おかげさまでたくさんの皆様と一緒に作り上げた日々に心より感謝の気持ちでいっぱいです。

皆様にとっておみそ汁がある毎日の食卓で、おいしくて、あったかくて、ホッと癒されて、健やかにお過ごしいただけたらと思います。

えちごいち味噌／株式会社越後一　川上綾子

【著】
えちごいち味噌
株式会社越後一 川上綾子

2019年3月より出勤前に自身の朝ごはんで作ったおみそ汁の写真をInstagramに投稿しはじめる。新潟県長岡市でみそを専門に造る株式会社越後一は全国味噌鑑評会、新潟県みそ品評会等で数々の最高賞受賞歴があり技術力に高い評価を得ているみその製造元である。国産原料100％の約8種類の特長のあるみそを使って作るおみそ汁を中心にみそ料理、塩麹など発酵食品レシピは1700投稿以上、フォロワーは6万2000人を超える。おみそ汁がおいしくて、ホッとして、みんな健やかに…と願いを込めて、定番から変わり種アレンジなど幅広くオモシロおみそ汁を発信している。著書に『毎日おみそ汁365日』（自由国民社）がある。
Instagram @151miso
Websaite https://www.e-omiso.co.jp

【監修】
大越郷子

管理栄養士。服部栄養専門学校を卒業後、病院栄養士を経て、現在は雑誌や書籍、料理教室の主宰等で活躍中。病院勤務の経験を生かした、ダイエット・健康・美容によい、おいしくてヘルシーなレシピに定評があり、病気の食事療法を目的とした著書も多数。近著に『いちばんやさしい腎臓病の人のためのおいしい食事』（主婦の友社）、『最新版 国立国際医療研究センター病院の一生役立つ糖尿病レシピ430』（西東社）など。

つかれたからだをいたわる
ご自愛おみそ汁
（じあい）（しる）

2024年11月18日 初版第1刷発行

発行人　永田和泉
発行所　株式会社イースト・プレス
　　　　〒101-0051
　　　　東京都千代田区神田神保町2-4-7
　　　　久月神田ビル
　　　　Tel:03-5213-4700
　　　　Fax:03-5213-4701
　　　　https://www.eastpress.co.jp

印刷所　中央精版印刷株式会社

©Echigoichimiso 2024, Printed in Japan
ISBN 978-4-7816-2405-1

本書の内容の一部、あるいはすべてを無断で複写・複製・転載することは著作権法上での例外を除き、禁じられています。
本作品の情報は、2024年11月時点のものです。情報が変更している場合がございますのでご了承ください。

【スタッフ】
撮影　原田真理
デザイン　千葉佳子（kasi）
編集協力　岡田稔子